3급 대졸 채용 대비

GSAT
삼성직무적성검사

실전모의고사 4회

3급 대졸 채용 대비

GSAT(삼성직무적성검사)
실전모의고사 4회

초판 발행	2021년 9월 27일
개정 2판 발행	2023년 9월 27일

편 저 자		취업적성연구소
발 행 처		㈜서원각
등록번호		1999-1A-107호
주 소		경기도 고양시 일산서구 덕산로 88-45(가좌동)
교재주문		031-923-2051
팩 스		031-923-3815
교재문의		카카오톡 플러스 친구[서원각]
홈페이지		www.goseowon.com

Preface

우리나라 기업들은 1960년대 이후 현재까지 비약적인 발전을 이루고 있습니다. 이렇게 급속한 성장을 이룰 수 있었던 배경에는 우리나라 국민들의 근면성 및 도전정신이 있었습니다. 그러나 빠르게 변화하는 세계 경제의 환경에 적응하기 위해서는 근면성과 도전정신 이외에도 다른 성장 요인이 필요합니다.

한국기업들이 지속가능한 성장을 위해서는 혁신적인 제품 및 서비스 개발, 선도 기술을 위한 R&D, 새로운 비즈니스 모델 개발, 효율적인 기업의 합병·인수, 신사업 진출 및 새로운 시장 개발 등 다양한 대안을 구축해 볼 수 있습니다. 하지만 이러한 대안들 역시 훌륭한 인적자원을 바탕으로 할 때에 가능합니다.

최근으로 올수록 기업체들은 자신의 기업에 적합한 인재를 선발하기 위해 기존이 학벌 위주의 채용을 탈피하고 기업 고유의 인·적성검사 제도를 도입하고 있는 추세입니다. 삼성 역시 업무에 필요한 역량 및 책임감과 적응력 등을 구비한 인재를 선발하기 위하여 고유의 직무적성검사를 치르고 있습니다.

본서는 삼성그룹 채용대비를 위한 실전모의고사로, 삼성그룹 직무적성검사의 출제경향을 철저히 분석하여 응시자들이 보다 쉽게 시험유형을 파악하고 효율적으로 대비할 수 있도록 구성하였습니다.

신념을 가지고 도전하는 사람은 반드시 그 꿈을 이룰 수 있습니다. 처음에 품은 신념과 열정이 취업 성공의 그날까지 빛바래지 않도록 서원각이 응원하겠습니다.

Structure

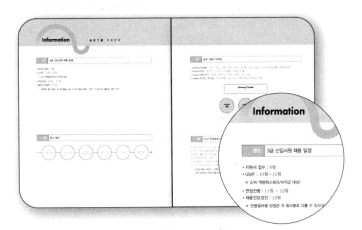

삼성그룹 채용 안내　　1

삼성그룹의 채용 안내를 비롯하여 전반적인 삼성그룹에 대한 정보를 수록하였습니다. 필기시험과 더불어 면접에도 활용할 수 있도록 살펴보세요.

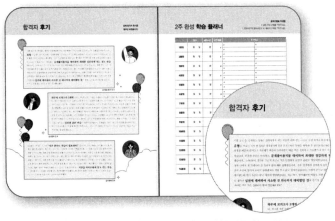

합격자 후기 및 출제 경향　　2

수험자들이 가장 궁금해 하는 시험 준비 및 시험 당일 후기 등과 함께 출제 경향을 분석하여 수록하였습니다. 합격자들의 후기와 출제경향을 확인하여 학습 방향 설정에 참고해보세요.

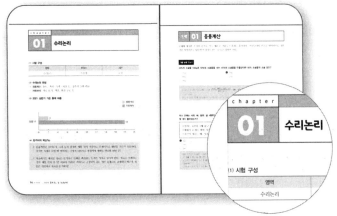

유형 설명 및 기출 맛보기　　3

각 영역 유형에 대한 설명과 예제를 수록하였습니다. 본격적인 문제풀이에 앞서, 유형을 파악해보세요.

4 실전 모의고사

적중률 높은 영역별 출제예상문제로 구성된 실전모의고사를
4회분 수록하였습니다. 실제 시험과 유사한 유형의 문제를 수
록하였으니, 실전모의고사를 통해 시험을 대비해보세요.

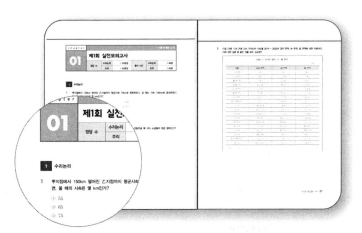

5 면접

필기시험뿐만 아니라 면접 준비부터 예상 질문, 기출질문을 수
록하여 취업의 마지막 관문 면접까지 대비할 수 있도록 구성하
였습니다.

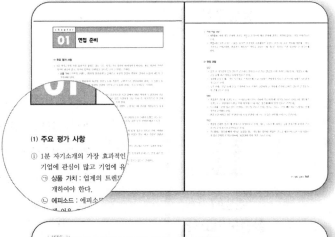

6 문제 풀이 용지

실전보다 실전처럼 연습할 수 있도록 GSAT 문제풀이용지를
PDF 파일로 제공하고 있습니다. 문제풀이용지를 활용하여 다
회독 해보세요.

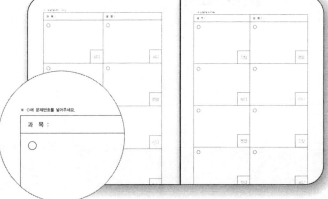

Contents

**출제경향 및
유형분석**

**GSAT
실전모의고사**

Contents

Information

01:	3급 신입사원 채용 일정

구분	기간
지원서 접수	9월
직무적합성평가	9월~10월
삼성직무적성검사	10월 ※ S/W 역량테스트(S/W직군 대상)
면접전형	11월
건강검진	12월

※ 지원서 접수 및 전형절차별 일정은 각 회사별로 다를 수 있으므로, 자세한 사항은 각 회사의 채용공고를 확인하시기 바랍니다.

02:	응시 절차

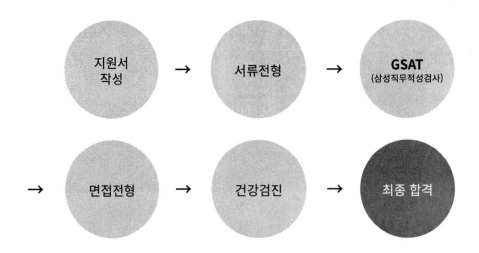

지원하는 회사의 모집 직군별로 전공, 영어회화 최소등급 등의 자격조건을 충족해야합니다.
자세한 내용은 삼성채용 홈페이지(www.samsungcareers.com)에서 제공하는 회사별 채용공고를 통해 확인하실 수 있습니다.

04: 삼성 그룹의 인재상

〈Samsung People : 삼성은 학력, 성별, 국정, 종교를 차별하지 않고 미래를 이끌어 나갈 인재와 함께 합니다.〉
• Passion(열정) : 끊임없는 열정으로 미래에 도전하는 인재
• Creativity(창의혁신) : 창의와 혁신으로 세상을 변화시키는 인재
• Integrity(인간미 · 도덕성) : 정직과 바른 행동으로 역할과 책임을 다하는 인재

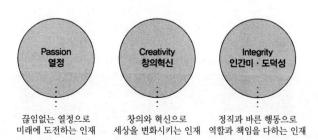

Information

05:	직무적합성평가

직무적합성평가는 지원자가 직무에 대한 역량을 쌓기 위해 노력하고 성취한 내용을 평가하는 전형입니다. 이 전형에서는 지원서에 작성된 전공과목 이수 내역과 직무관련 활동 경험, 에세이 등을 바탕으로 지원자의 역량을 평가합니다.

※ 연구개발·기술·S/W 직군은 전공 이수 과목의 수와 난이도, 취득 성적 등 전공 능력을 종합적으로 평가하여 전공을 충실히 이수한 지원자를 우대합니다. 그 외 직무와 무관한 스펙은 일체 반영되지 않습니다.

06:	삼성직무적성검사(GSAT)

삼성직무적성검사는 단편적인 지식보다는 주어진 상황을 유연하게 대처하고 해결할 수 있는 종합적인 능력을 평가하는 검사입니다.

※ 삼성직무적성검사는 온라인으로 진행하고 있으며, 독립된 응시 장소와 PC, 스마트폰이 필요합니다. 원활한 검사 진행을 위해서 사전 예비소집을 진행하여 지원자의 응시 환경을 점검하고 있으며, 예비소집에 참석하지 않은 응시자는 검사 당일 응시가 제한될 수 있습니다.

07: GSAT 부정행위 처리 기준

- 신분증 및 증빙서류를 위·변조하여 검사를 치르는 행위
- 대리 시험을 의뢰하거나 대리로 검사에 응시하는 행위
- 문제를 메모 또는 촬영하는 행위
- 문제의 일부 또는 전부를 유출하거나 외부에 배포하는 행위
- 타인과 답을 주고받는 행위
- 그 外 부정한 방법으로 검사 결과에 영향을 미치는 행위

※ 공정한 채용 프로세스 운영을 위해 각 전형별로 위와 같은 행위를 부정행위(저작권 침해행위 포함)로 규정하며, 해당 부정행위가 적발될 경우 지원자의 결과를 무효처리하고, 향후 5년 간 응시자격을 제한한다. 또한 필요한 경우 민·형사상 조치를 취할 수 있다.

합격자 후기

시험 공고 뜰 것이라는 기사를 접하자마자 저는 시중에 나와 있는 GSAT 실전 모의고사 문제집을 사들였습니다. **유형**을 익히는 것이 먼저라고 생각했기에 실전 모의고사로 유형을 파악한 후 봉투모의고사를 구매했습니다. 응용계산 비중이 줄어들고 자료해석 비중이 늘어나면서 애를 먹을 것이라고 각오했으나 역시 시간 소요가 큰 파트였습니다. 부족한 부분은 반복하고, **문제풀이용지를 대비하여 최대한 정갈하게 적는 것도 연습**했습니다. 그러다보니 점수도 조금씩 오르고 처음 난잡하게 풀었던 습관도 정돈되었습니다. 시험 당일, 너무 긴장한 나머지 첫 문제부터 잘 풀리지 않아 매우 당황했습니다. 겨우 진정하며 침착하게 풀던 중 와이파이 문제로 잠시 흐름이 끊기자 또다시 당황했지만 절대 찍지 않고 풀어나갔습니다. 시험이 끝나고 당연히 떨어질 것이라고 생각했는데 합격 통보를 받고 어안이 벙벙했습니다. 지금 와서 생각해보면 예상치 못한 문제로 멘탈이 흔들리기도 했으나 **실전에 대비하여 사소한 것 하나까지 대비했던 것**이 합격의 큰 요인이 아닌가 싶습니다. 여러분 역시 작은 습관부터 많이 연습해보세요!

하루에 모의고사 3개씩 풀어본 것 같습니다. 오답은 오답대로 반복하고 정답은 또 정답대로 반복하였습니다. 한 6권 가량 풀어본 후 온라인 응시 서비스를 이용하여 문제 푸는 연습을 했습니다. 문제집을 보고 푸는 것과 화면을 보고 푸는 것이 생각보다 느낌이 많이 다르더군요. 점수도 잘 나오지 않았습니다. 때문에 문제풀이 또한 연습해야겠다! 싶어서 실전과 비슷한 문제풀이용지를 프린트하여 연습했습니다. 시험은 시중 문제집보다 깔끔하고 난이도도 적당했습니다. 시중 문제집은 아무래도 시험을 대비하기 위한 것이니 까다롭고 복잡한 문항들이 많았던 것 같습니다. 초반에는 너무 긴장하여 컨디션도 별로고 응용계산부터 실수를 해서 포기할까 싶었지만, '나는 지금 집에서 모의고사를 보고 있는 것이다' 스스로 암시하면서 시험을 보았습니다. 제가 생각하는 저의 합격 비결은 아무래도 **실전과 같은 연습**이 아닐까 생각합니다. 문제집과 온라인 서비스를 동시에 활용했던 것이 마인드 컨트롤에도 중요하게 작용한 것 같습니다. 그러니 지원자하는 여러분 모두 연습을 실전처럼, 실전을 연습처럼! 대비하시기 바랍니다.

GSAT을 풀면서 느낀 점은 **"시간 관리도 연습이 필요하다!"** 였습니다. 물론 시험을 준비하는 모두가 시간을 재며 연습한다는 것은 알고 있습니다. 그렇지만 철저한 관리가 필요합니다. 마치 수능 공부를 하던 때처럼 시험 일주일 전에는 시험 응시 시간과 동일하게 모의고사를 풀고 다른 시간에는 오답 및 정답 확인하여 반복하는 시간을 가졌습니다. 안 그래도 긴장을 많이 하는 편인데 시험 당일에는 오죽할까 싶어 최대한 몸과 정신을 적응시키려고 했습니다. 시험 환경 역시 비슷하게 하려고 했습니다. 시중 문제집으로 공부하고 일주일 전에는 온라인 응시 서비스도 함께 활용했습니다. 당연히 시간 체크도 했습니다. GSAT은 난이도에 비해 풀이 시간이 상당히 짧습니다. 제한 시간이 지나면 문제를 풀 수 없으니 혼자 공부할 때도 **시간을 타이트하게 잡고 푸는 연습**이 필요합니다. 왜냐하면 당일에 너무 긴장한 나머지 문제가 눈에 안보여 시간이 오바되는 경우도 있기 때문입니다. 그러니 당연한 시간 관리도 소홀히 하지 마세요!

2주 완성 학습 플래너

공부진행표 작성법
1. 날짜 칸에 날짜를 적어주세요.
2. 공부시간과 공부분량을 분, 페이지 단위로 적어주세요.

	날짜		공부시간	공부분량	# 키워드	
1일차	월	일	분	p	#	#
					#	#
2일차	월	일	분	p	#	#
					#	#
3일차	월	일	분	p	#	#
					#	#
4일차	월	일	분	p	#	#
					#	#
5일차	월	일	분	p	#	#
					#	#
6일차	월	일	분	p	#	#
					#	#
7일차	월	일	분	p	#	#
					#	#
8일차	월	일	분	p	#	#
					#	#
9일차	월	일	분	p	#	#
					#	#
10일차	월	일	분	p	#	#
					#	#
11일차	월	일	분	p	#	#
					#	#
12일차	월	일	분	p	#	# 키워드
					#	#
13일차	월	일	분	p	#	#
					#	#
14일차	월	일	분	p	#	#
					#	#

PART

01

출제경향 및 유형분석

01 수리논리

(1) 시험 구성

영역	문항수	시간
수리논리	20문항	30분

(2) 수리논리 유형

① 응용계산 : 농도, 거리 · 속력 · 시간 등, 경우의 수와 확률
② 자료해석 : 자료 분석, 계산, 빈칸 추론 등

(3) 2022 하반기 기준 출제 비중

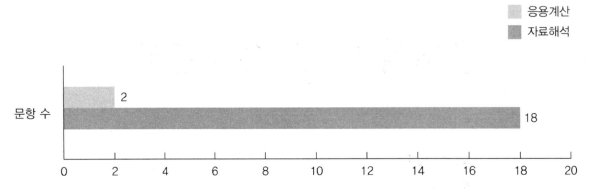

(4) 합격자의 학습Tip

① 응용계산은 난이도가 그리 높지 않지만 제일 먼저 마주하는 문제이므로 멘탈을 흔들기 충분하다. 하지만 자세히 보면 딱 떨어지는 숫자가 나오므로 방정식에 제대로 대입만 하면 끝!

② 자료해석은 제시된 자료를 분석하고 문제를 해결하는 능력을 가지고 있어야 한다. 자료를 이해하는 것이 제일 먼저 할 일! 비교적 익숙한 키워드로 구성되며 간혹 세트 문제로도 출제되니 빠르게 질문을 확인하고 자료를 분석하자!

유형	01	응용계산

문제에 제시된 조건과 숫자로 식을 세우고 정답을 도출하는 유형이다. 연산능력이 필수인 영역이므로 기본적인 사칙연산을 비롯한 방정식을 반드시 알고 있어야 한다.

기출 문제 맛보기

40%의 소금물 100g과 50%의 소금물을 섞어 45%의 소금물을 만들었다면 50% 소금물의 소금 양은?

① 40g
② 50g
③ 60g
④ 70g
⑤ 80g

45%의 소금물의 양을 x라고 하면, $\dfrac{(0.4 \times 100) + (0.5 \times x)}{100 + x} \times 100 = 45\%$ 가 된다.

∴ $x = 100$g

50% 소금물의 양이 100g이므로 소금의 양은 0.5 × 100 = 50g이 된다.

답 ②

박스 안에는 사과, 배, 참외, 귤 4종류의 과일이 총 100개가 들어있다. 귤이 총 5개 들어있을 때 사과가 박스 안에 몇 개가 들어있는가?

- 참외는 귤보다 3배 많고 배보다는 3배 적다.
- 배에서 10개를 빼면 사과와 개수가 같다.
- 과일의 개수는 배, 사과, 참외, 귤 순으로 많이 들어 있다.

① 35
② 45
③ 20
④ 15
⑤ 50

박스 안에 총 들어있는 과일은 100개이고 귤은 5개 들어있다. 나머지 95개의 과일을 조건에 따라 계산하면 된다.

첫 번째 조건에 따르면 귤의 개수×3=참외의 개수가 나온다. 참외는 15 들어있는 것을 알 수 있다. 또한 참외의 개수에서÷3을 하면 배의 개수가 나오므로 배는 45개가 나온다. 두 번째 조건에서 배의 개수인 45에서 10을 빼면 사과의 개수가 나온다.

∴ 사과는 35개, 귤은 5개, 배는 45개, 참외는 15개 들어있다.

답 ①

그래프나 표 등 제시된 자료의 항목을 분석하고 계산하는 유형이다. 증감, 비율에 대하여 옳은 것 혹은 옳지 않은 것을 도출한다.

기출 문제 맛보기

다음은 A국의 연도별 흡연자에 관한 자료이다. 다음 중 전년 대비 흡연자 비율의 증가량이 큰 연도순으로 바르게 나열한 것은?

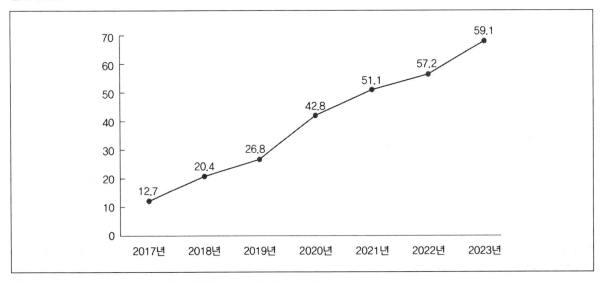

① 2021년, 2022년, 2020년, 2023년, 2019년, 2018년
② 2021년, 2020년, 2022년, 2019년, 2023년, 2018년
③ 2022년, 2020년, 2021년, 2018년, 2023년, 2019년
④ 2020년, 2022년, 2021년, 2018년, 2023년, 2019년
⑤ 2020년, 2021년, 2018년, 2019년, 2022년, 2023년

흡연자 비율의 증가량은 다음과 같다.

구분	내용	구분	내용
2018년	7.7%	2021년	8.3%
2019년	6.4%	2022년	6.1%
2020년	16%	2023년	1.9%

따라서 2020년 > 2021년 > 2018년 > 2019년 > 2022년 > 2023년 순이 된다. 답 ⑤

다음 자료는 어느 회사의 공장별 제품 생산 및 판매 실적에 대한 예시자료이다. 이에 대한 해석으로 옳지 않은 것은?

(단위 : 대)

공장	2022년 12월	2022년 전체	
	생산 대수	생산 대수	판매 대수
A	25	586	475
B	21	780	738
C	32	1,046	996
D	19	1,105	1,081
E	38	1,022	956
F	39	1,350	1,238
G	15	969	947
H	18	1,014	962
I	26	794	702

※ 2023년 1월 1일 기준 재고 수 = 2022년 전체 생산 대수 − 2022년 전체 판매 대수

※ 판매율(%) = $\dfrac{판매 대수}{생산 대수} \times 100$

※ 2022년 1월 1일부터 제품을 생산·판매하였음

① 2023년 1월 1일 기준 재고 수가 가장 적은 공장은 G공장이다.
② 2023년 1월 1일 기준 재고 수가 가장 많은 공장의 2022년 전체 판매율은 90% 이상이다.
③ 2022년 12월 생산 대수가 가장 많은 공장과 2023년 1월 1일 기준 재고 수가 가장 많은 공장은 동일하다.
④ I 공장의 2022년 전체 판매율은 90% 이상이다.
⑤ 2022년에 A ~ I 공장은 전체 8,666대를 생산하였다.

I 공장의 2022년 전체 판매율 : $\dfrac{702}{794} \times 100 = 88.4\%$ 답 ④

chapter 02 추리

(1) 시험 구성

영역	문항수	시간
추리논리	30문항	30분

(2) 추리 유형

언어추리(명제, 조건추리), 단어유추, 도형추리, 도식추리, 논리추론

(3) 2022 하반기 기준 출제 비중

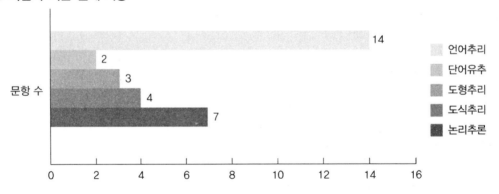

(4) 합격자의 학습Tip

① 명제와 조건추리는 비교적 낮은 난이도로 출제된다. 그러나 방심은 금물! 제일 많은 비중을 차지하는 만큼 중간중간 까다로운 문제가 함정처럼 숨어 있다. 반드시 참인 진술, 삼단논법이 제일 까다로우므로 철저한 연습이 필요하다.

② 단어 유추는 단어와의 관계를 파악하고 옳은 것을 고르는 문제이다. 좀처럼 실생활에서 쓰이지 않는 단어가 곧잘 나오며, 보자마자 관계를 파악해야 하므로 유의·반의 관계, 상하 관계 등도 반드시 알아두도록 하자!

③ 도형 변환은 대부분 색, 회전 등으로 제시된다. 금방 파악할 수 있는 규칙이 출제되는 편이다.

제시된 조건을 토대로 결론을 도출하는 문제다. 올바른 전제와 결론의 옳고 그름을 판단한다.

기출 문제 맛보기

다음 전제를 읽고 반드시 참인 결론을 고르시오.

> • 임기응변이 좋은 어떤 사람은 배우다.
> • 모든 배우는 암기력이 좋다.

① 암기력이 좋지 않은 어떤 사람은 임기응변이 좋다.
② 임기응변이 좋은 모든 사람은 암기력이 좋다.
③ 암기력이 좋은 어떤 사람은 임기응변이 좋지 않다.
④ 임기응변이 좋은 어떤 사람은 암기력이 좋다.
⑤ 임기응변이 좋은 어떤 사람도 암기력이 좋지 않다.

임기응변이 좋은 어떤 사람과 배우. 모든 배우는 암기력이 좋다는 전제를 따르면 임기응변이 좋은 어떤 사람은 암기력이 좋다가 정답이 된다. **답** ④

결론이 참이 되기 위해 필요한 전제3으로 가장 적절한 것은? (단, 보기로 주어진 전제는 모두 참이다)

> 전제1 : 밝지 않으면 별이 뜬다.
> 전제2 : 밤이 오면 해가 들어간다.
> 전제3 : _____
> 결 론 : 밤이 오면 별이 뜬다.

① 밤이 오지 않으면 밝다. ② 해가 들어가지 않으면 밝다.
③ 별이 뜨면 해가 들어간다. ④ 밝지 않으면 밤이 온다.
⑤ 밝으면 해가 들어가지 않는다.

전제2와 전제1을 이용해 결론을 얻기 위해서는 '밤이 오면 해가 들어간다→(해가 들어가면 밝지 않다) → 밝지 않으면 별이 뜬다'로 연결할 수 있다. 따라서 필요한 전제3은 '해가 들어가면 밝지 않다'또는 그 대우인 '밝으면 해가 들어가지 않는다'가 된다. **답** ⑤

두 개 이상의 단어 관계를 파악하는 문제로 유의어와 반의어, 상하 관계 등을 유추하는 문제가 출제된다.

기출 문제 맛보기

다음의 관계를 유추하여 (   ) 안에 들어갈 단어로 적절한 것을 고르시오.

> 억겁 : 순간 = 고귀 : (   )

① 천비
② 현요
③ 천만겁
④ 일향
⑤ 영귀

> 억겁과 순간은 반의 관계이다. 따라서 고귀와 반의 관계에 있는 천비가 정답이다.　　　　　답 ①

다음의 관계를 유추하여 (   ) 안에 들어갈 단어로 적절한 것을 고르시오.

> 필히 : 기어코 = 비참 : (   )

① 비약
② 졸렬
③ 처절
④ 참수
⑤ 진창

> 필히(必히)와 기어코는 유의 관계이다. 따라서 비참(悲慘)과 유의 관계에 있는 처절(悽絶)이 적절하다.　　　　　답 ③

유형 | 03 | 도형추리

제시된 도형의 변환 규칙을 파악하여 "?"에 해당하는 도형을 유추하는 문제이다.

기출 문제 맛보기

다음 제시된 도형을 보고 "?"에 들어갈 도형으로 알맞은 것을 고르시오.

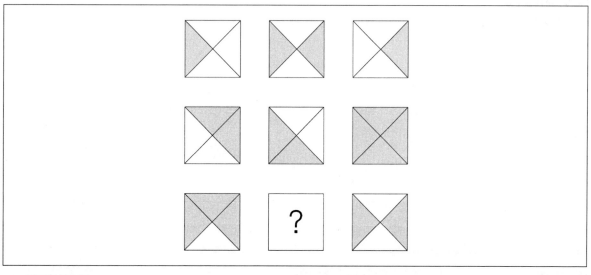

①

②

③

④

⑤

같은 행의 왼쪽 두 도형을 합치면 마지막 도형이 된다. 단, 색이 겹친 곳은 색칠되지 않는다. **답** ①

제시된 암호 기호에 적용된 문자 및 숫자 변환 규칙을 파악하여 "?"에 해당하는 문자 및 숫자를 유추하는 문제이다.

기출 문제 맛보기

다음의 기호가 문자 배열을 바꾸는 규칙을 나타낸다고 할 때, "?"로 옳은 것을 고르시오.

```
                    CKLS          NSLD
                     ↓             ↓
    BING  →   □   →  △   →  IPUN
                     ↓             ↓
    OINK  →        →   ○   →  TㄹㅂJ
                     ↓             ↓
                    GOPW          PUNF
```

HORT → □ → △ → ?

① AONI
② JQTV
③ OVYA
④ KRUW
⑤ HQQV

A	B	C	D	E	F	G	H	I	J	K	L	M	N	O	P	Q	R	S	T	U	V	W	X	Y	Z
1	2	3	4	5	6	7	8	9	10	11	12	13	14	15	16	17	18	19	20	21	22	23	24	25	26

□ abcd → a + 4, b + 4, c + 4, d + 4
△ abcd → a + 3, b + 3, c + 3, d + 3
○ abcd → a − 1, b − 1, c − 1, d − 1
따라서, HORT → LSVX → OVYA

답 ③

제시된 글을 바탕으로 추론한 내용의 진위를 판단하고 글의 주제와 주장을 파악하는 문제이다.

기출 문제 맛보기

다음 제시문을 근거로 판단할 때, 밑줄 친 부분의 이유로 가장 적절한 것은?

> 매몰비용이 의사결정과 무관해야 한다는 사실로부터 기업들의 의사결정 절차를 이해할 수 있다. 1990년대 초, 대부분의 미국 내 대형 항공사들이 큰 손실을 입었다. 또 어떤 해에는 아메리칸 에어라인, 델타 항공이 각각 4억 달러 이상의 손실을 본 적도 있다. <u>그럼에도 항공사들은 계속 표를 팔고 승객들을 실어 날랐다.</u> 대체 왜 항공사 경영진은 사업을 포기하지 않았을까?
>
> 항공사들의 이러한 행동을 이해하기 위해서는 항공사들 비용의 일부가 매몰된다는 사실을 알아야 한다. 항공사가 비행기를 구입했고 그것을 다시 팔 수 없다면 그 비행기에 대한 비용은 이미 매몰된 것이다. 운항의 기회비용은 연료비, 조종사와 승무원의 임금 정도가 될 것이다. 운항을 선택함으로써 써야 하는 비용보다 기업이 운항을 통해 벌어들이는 총수입이 크다면 항공사들은 계속 영업을 해야 한다. 그리고 실제로 그렇게 하였다.
>
> 매몰비용이 의사결정과 무관함은 개인에게도 마찬가지다. 여러분이 영화를 보는 것에서 10,000원의 만족감, 즉 편익을 얻는다고 하자. 영화표를 7,000원에 샀는데 실수로 극장에 들어가기 전 표를 분실한다면 어떤 선택을 하겠는가? 다시 사야 할까, 말아야 할까? 정답은 표를 사는 것이다. 영화를 보는 것의 편익(10,000원)은 여전히 기회비용(표를 다시 사는 비용 7,000원)을 초과하고 있기 때문이다. 이때, 이미 잃어버린 표의 비용은 돌려받을 수 없으므로 더 이상 생각하지 않아야 한다. 이미 엎질러진 물이니 후회한들 소용없는 것이다.

① 총수입이 매몰비용보다 크므로
② 총수입이 기회비용보다 크므로
③ 매몰비용이 기회비용보다 크므로
④ 매몰비용이 손실보다 크므로
⑤ 기회비용이 손실보다 크므로

항공사 경영진은 매몰비용에 집착하지 않고 총수입이 기회비용을 넘으면 계속 영업하였다.　　　**답** ②

PART

02

GSAT 실전모의고사

chapter	제1회 실전모의고사					
01	정답 수	수리논리	/ 20문항	풀이 시간	수리논리	/ 30분
		추리	/ 30문항		추리	/ 30분

1 수리논리

1 甲지점에서 150km 떨어진 乙지점까지 평균시속 75km로 왕복하였다. 갈 때는 시속 100km로 운전하였다면, 올 때의 시속은 몇 km인가?

① 55   ② 60

③ 65   ④ 70

⑤ 75

2 농도 25%인 소금물 xg이 있다. 이 소금물에 소금의 양만큼 물을 더 넣고, 소금을 추가로 25g 넣었을 때의 농도가 25%였다면 최종 소금물의 양은?

① 350g   ② 400g

③ 450g   ④ 500g

⑤ 550g

3 다음 〈자료 1〉과 〈자료 2〉는 우리나라 시도별 2019 ~ 2020년 경지 면적, 논 면적, 밭 면적에 대한 자료이다. 이에 대한 설명 중 옳은 것을 모두 고르면?

〈자료 1〉 2019년 경지 · 논 · 밭 면적

(단위 ha, %)

구분	경지 면적	논 면적	밭 면적
서울특별시	347	150	197
부산광역시	5,408	2,951	2,457
대구광역시	7,472	3,513	3,958
인천광역시	18,244	11,327	6,918
광주광역시	9,252	5,758	3,494
대전광역시	3,742	1,358	2,384
울산광역시	9,977	5,281	4,696
세종특별자치시	7,588	4,250	3,338
경기도	160,181	84,125	76,056
강원도	100,756	33,685	67,071
충청북도	101,900	38,290	63,610
충청남도	210,428	145,785	64,644
전라북도	195,191	124,408	70,784
전라남도	288,249	169,090	119,159
경상북도	260,237	118,503	141,734
경상남도	142,946	81,288	61,658
제주특별자치도	59,039	17	59,022
전 국	1,580,957	829,778	751,179

※ 경지 면적 = 논 면적 + 밭 면적

〈자료 2〉 2020년 경지 · 논 · 밭 면적

구분	경지 면적	논 면적	밭 면적
서울특별시	343	145	199
부산광역시	5,306	2,812	2,493
대구광역시	7,458	3,512	3,947
인천광역시	18,083	11,226	6,857
광주광역시	9,083	5,724	3,359
대전광역시	3,577	1,286	2,292
울산광역시	9,870	5,238	4,632
세종특별자치시	7,555	4,241	3,314
경기도	156,699	82,790	73,909
강원도	99,258	32,917	66,341
충청북도	100,880	37,970	62,910
충청남도	208,632	145,103	63,528
전라북도	193,791	123,638	70,153
전라남도	286,396	168,387	118,009
경상북도	257,323	117,936	139,387
경상남도	141,889	80,952	60,937
제주특별자치도	58,654	17	58,637
전 국	1,564,797	823,895	740,902

※ 경지 면적 = 논 면적 + 밭 면적

ⓐ 2020년 경지 면적 중 상위 5개 시 · 도는 전남, 경북, 충남, 전북, 경기, 경남이다.
ⓑ 울산의 2020년 논 면적은 울산의 2019년 밭 면적의 두 배이다.
ⓒ 2019년 대비 2020년 전국 밭 면적의 증감률은 −1.4이다.
ⓓ 2019년 논 면적 중 상위 5개 시 · 도는 전남, 충남, 경북, 전북, 제주이다.

① ⓐⓑ
② ⓐⓒ
③ ⓑⓒ
③ ⓑⓓ
④ ⓐⓑⓓ

4 다음은 2020년 어린이집 및 유치원의 11개 특별활동프로그램 실시 현황에 관한 자료이다. 이에 대한 설명으로 옳은 것들만 바르게 짝지어진 것은?

〈어린이집 및 유치원의 11개 특별활동프로그램 실시 현황〉

(단위 : %, 개, 명)

구분 / 특별활동 프로그램	어린이집			유치원		
	실시율	실시기관 수	파견강사 수	실시율	실시기관 수	파견강사 수
미술	15.7	6,677	834	38.5	3,250	671
음악	47.0	19,988	2,498	62.7	5,294	1,059
체육	53.6	22,794	2,849	78.2	6,600	1,320
과학	6.0	( )	319	27.9	( )	471
수학	2.9	1,233	206	16.2	1,366	273
한글	5.8	2,467	411	15.5	1,306	291
컴퓨터	0.7	298	37	0.0	0	0
교구	15.2	6,464	808	15.5	1,306	261
한자	0.5	213	26	3.7	316	63
영어	62.9	26,749	6,687	70.7	5,968	1,492
서예	1.0	425	53	0.6	51	10

※ 1) 해당 특별활동프로그램 실시율(%)= $\dfrac{\text{해당 특별활동프로그램 실시 어린이집(유치원) 수}}{\text{특별활동프로그램 실시 전체 어린이집(유치원) 수}} \times 100$

　　2) 어린이집과 유치원은 각각 1개 이상의 특별활동프로그램을 실시하며, 2020년 특별활동프로그램 실시 전체 어린이집 수는 42,527개이고, 특별활동프로그램 실시 전체 유치원 수는 8,443개임

ⓒ 특별활동프로그램 실시율이 40% 이상인 특별활동프로그램 수는 어린이집과 유치원이 동일하다.
ⓒ 어린이집의 특별활동프로그램 중 실시기관 수 대비 파견강사 수의 비율은 '영어'가 '음악'보다 높다.
ⓒ 파견강사 수가 많은 특별활동프로그램부터 순서대로 나열하면, 어린이집과 유치원의 특별활동프로그램 순위는 동일하다.
ⓒ 특별활동프로그램 중 '과학' 실시기관 수는 유치원이 어린이집보다 많다.

① ㉠㉡
② ㉠㉢
③ ㉢㉣
④ ㉠㉡㉣
⑤ ㉡㉢㉣

5 다음은 'A' 카페의 커피 판매정보에 대한 자료이다. 한 잔만을 더 판매하고 영업을 종료한다고 할 때, 총이익이 정확히 64,000원이 되기 위해서 판매해야 하는 메뉴는 무엇인가?

〈'A' 카페 커피 판매 정보〉

(단위 : 원, 잔)

구분 메뉴	한 잔 판매가격	현재까지의 판매량	한 잔당 재료(재료비)				
			원두 (200)	우유 (300)	바닐라 시럽 (100)	초코시럽 (150)	카라멜 시럽 (250)
아메리카노	3,000	5	○	×	×	×	×
카페라테	3,500	3	○	○	×	×	×
바닐라라테	4,000	3	○	○	○	×	×
카페모카	4,000	2	○	○	×	○	×
캐러멜마키아토	4,300	6	○	○	○	×	○

※ 1) 메뉴별 이익 = (메뉴별 판매가격 – 메뉴별 재료비) × 메뉴별 판매량
　 2) 총이익은 메뉴별 이익의 합이며, 다른 비용은 고려하지 않음
　 3) 'A'카페는 5가지 메뉴만을 판매하며, 메뉴별 한 반 판매가격과 재료비는 변동 없음
　 4) ○는 해당 재료 한 번 사용함을 의미, ×는 해당 재료를 사용하지 않음을 의미

① 아메리카노　　　　　　　② 카페라테
③ 바닐라라테　　　　　　　④ 카페모카
⑤ 캐러멜마키아토

6 다음 자료는 품목별 한우의 2020년 12월 평균가격, 전월, 전년 동월, 직전 3개년 동월 평균가격을 제시한 자료이다. 이에 대한 설명으로 옳은 것은?

〈품목별 한우 평균가격(2020년 12월 기준)〉

(단위 : 원/kg)

품목		2020년 12월 평균가격	전월 평균가격	전년 동월 평균가격	직전 3개년 동월 평균가격
구분	등급				
거세우	1등급	17,895	18,922	14,683	14,199
	2등급	16,534	17,369	13,612	12,647
	3등급	14,166	14,205	12,034	10,350
비거세우	1등급	18,022	18,917	15,059	15,022
	2등급	16,957	16,990	13,222	12,879
	3등급	14,560	14,344	11,693	10,528

※ 1) 거세우, 비거세우의 등급은 1등급, 2등급, 3등급만 있음

2) 품목은 구분과 등급의 조합임. 예를 들어, 구분이 거세우이고 등급이 1등급이면 품목은 거세우 1등급임

① 거세우 각 등급에서의 2020년 12월 평균가격이 비거세우 같은 등급의 2020년 12월 평균가격보다 모두 높다.

② 모든 품목에서 전월 평균가격은 2020년 12월 평균가격보다 높다.

③ 2020년 12월 평균가격, 전월 평균가격, 전년 동월 평균가격, 직전 3개년 동월 평균가격은 비거세우 1등급이 다른 모든 품목에 비해 높다.

④ 직전 3개년 동월 평균가격 대비 전월 평균가격의 증가폭이 가장 큰 품목은 거세우 2등급이다.

⑤ 전년 동월 평균가격 대비 2020년 12월 평균가격 증감률이 가장 큰 품목은 비거세우 2등급이다.

[7 ~ 8] 다음은 2016 ~ 2020년 창업지원금 신청자를 대상으로 직업을 조사한 자료다. 자료를 보고 질문에 답하시오.

연도 직업	2016	2017	2018	2019	2020
교수	36	54	34	152	183
연구원	62	49	73	90	118
대학생	30	23	17	59	74
대학원생	16	12	31	74	93
회사원	255	357	297	481	567
기타	367	295	350	310	425
합계	766	790	802	1,166	1,460

7 전체 창업지원금 신청자 대비 회사원 비율이 가장 높은 해는?

① 2016년   ② 2017년
③ 2018년   ④ 2019년
⑤ 2020년

8 2018년 대비 2020년 신청자 수의 증가율이 가장 큰 직업은?

① 교수   ② 연구원
③ 대학생   ④ 대학원생
⑤ 회사원

[9 ~ 10] 다음 자료는 2016 ~ 2020년 甲국의 연도별 지방세 징수액 현황에 관한 자료이다. 자료를 보고 질문에 답하시오.

구분	연도	2016	2017	2018	2019	2020
지방세 징수(조 원)		31.3	32.3	33.4	33	37.8
조세총액 대비 지방세 징수액 비율(%)		21.1	21.2	21.4	21.7	21.5
GDP 대비 지방세 징수액 비율(%)		4.3	4.8	4.4	4.2	4.2
지역별 징수액(조 원)	A	12.7	12.9	13.4	12.9	14.5
	B	3.3	3.3	3.4	3.4	3.9
	C	1.8	1.9	2.0	2.1	2.6
	D	1.3	1.3	1.3	1.3	1.6
	E	12.7	12.9	13.3	13.3	15.2

9 2020년 조세총액으로 옳은 것은?

① 175.8(조 원)

② 167.6(조 원)

② 156.1(조 원)

③ 151.1(조 원)

④ 144.7(조 원)

10 다음 중 GDP 대비 조세총액 비율이 가장 높은 연도는?

① 2016

② 2017

③ 2018

④ 2019

⑤ 2020

11 다음은 연도별 전자상거래 규모와 주체를 조사한 것이다. 이로부터 추론할 수 있는 내용으로 옳은 것은?

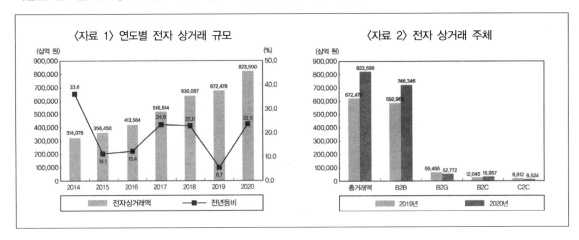

〈자료 1〉 연도별 전자 상거래 규모

〈자료 2〉 전자 상거래 주체

① 조사 기간 동안 전자 상거래 금액이 전년 대비 가장 많이 증가한 해는 2017년이다.

② 기업과 기업의 거래는 2020년에 2019년보다 22.5% 증가하였다.

③ 주체별 현황을 볼 때, 2020년에 2019년보다 거래금액 증가율이 가장 큰 것은 B2C이다.

④ 2020년에 전자상거래에 참여한 모든 거래 주체의 거래금액이 전년 대비 증가하였다.

⑤ 전자상거래의 모든 거래주체의 수치는 2020년이 2019년보다 높다.

[12 ~ 13] 다음 자료는 A ~ G 지역의 재활용품 수거에 관한 자료이다. 자료를 보고 질문에 답하시오.

〈자료 1〉 수거된 재활용품의 유형별 비율

(단위 : %)

유형＼지역	A	B	C	D	E	F	G
종이류	70.6	58.2	25.0	40.4	19.0	26.1	25.5
병류	9.9	6.8	6.5	21.6	44.7	11.6	17.4
고철류	8.3	25.7	58.1	13.8	24.8	11.9	25.9
캔류	2.7	2.6	1.7	6.8	4.4	4.5	7.9
플라스틱류	6.2	5.0	3.2	11.4	5.5	6.9	8.3
기타	2.3	1.7	5.5	6.0	1.6	39.0	15.0
전체	100.0	100.0	100.0	100.0	100.0	100.0	100.0

〈자료 2〉 재활용품 수거량과 인구특성

(단위 : %)

항목＼지역	A	B	C	D	E	F	G
재활용품 수거량(톤/일)	88.8	81.8	70.8	62.9	45.3	21.5	21.0
1인당 재활용품 수거량(g/일)	328.1	375.8	362.5	252.8	323.7	244.4	232.9
인구(천명)	270.6	217.7	195.4	248.7	140.0	87.8	90.0
인구밀도(명/km^2)	970.0	664.6	584.0	681.4	415.6	161.0	118.6
1차 산업 인구구성비(%)	6.5	5.7	13.3	8.4	14.3	37.9	42.0
2차 산업 인구구성비(%)	21.6	14.3	23.9	23.6	15.4	11.4	13.8
3차 산업 인구구성비(%)	71.9	80.0	62.8	68.0	70.3	50.7	44.2

12 다음 설명 중 옳지 않은 것을 모두 고르면?

> ㉠ 2차 산업 인구구성비가 높은 지역일수록 수거된 재활용품 중 고철류 비율이 높다.
>
> ㉡ 3차 산업 인구구성비가 높은 지역일수록 재활용품 수거량이 많다.
>
> ㉢ 인구밀도가 높은 상위 3개 지역과 수거된 재활용품 중 종이류 비율이 높은 상위 3개 지역은 동일하다.
>
> ㉣ 1인당 재활용품 수거량이 가장 적은 지역에서는 수거된 재활용품 중 종이류 비율이 가장 높다.

① ㉠㉡   ② ㉢㉣

③ ㉠㉡㉢   ④ ㉠㉡㉣

⑤ ㉡㉢㉣

13 D도시에서 3차 산업에 종사하는 인구는 총 몇 명인가?

① 168,522명   ② 169,116명

③ 169,134명   ④ 169,216명

⑤ 169,378명

[14 ~ 15] 다음은 지역별 독서 실태와 평균 독서량을 조사한 자료이다. 자료를 보고 질문에 답하시오.

〈자료 1〉 연간 지역별 독서 실태

(단위 : %)

구분	전체	지역	
		A	B
0	23.3	23.2	23.4
1 ~ 2권	9.3	9.5	9.1
3 ~ 5권	19.6	19.6	19.6
6 ~ 10권	18.7	19.4	18.0
11 ~ 15권	8.9	8.3	9.5
16권 이상	20.2	20.0	20.4
합계	100.0	100.0	100.0

〈자료 2〉 지역 및 평균 독서량

구분	A 지역	B 지역
응답자 수	500	500
평균 독서량	8.0	10.0

※ 1) 평균 독서량은 도서를 1권도 읽지 않은 사람까지 포함한 1인당 연간 독서량을 의미
2) 독서자는 1년 동안 도서를 1권 이상 읽은 사람임

14 도서를 연간 1권도 읽지 않은 사람을 제외한 A 지역 독서자의 연간 독서량은? (단, 결과는 소수점 첫째자리에서 반올림함)

① 8권 ② 9권
③ 10권 ④ 11권
⑤ 12권

15 도서를 연간 1권도 읽지 않은 사람을 제외한 B 지역 독서자의 연간 독서량은? (단, 결과는 소수점 첫째자리에서 반올림 함)

① 12권 ② 13권
③ 14권 ④ 15권
⑤ 16권

16 다음 자료는 甲물산의 8개 핵심 부서 예산규모와 인적자원을 나타낸 것이다. 〈조건〉에서 설명하는 A ~ F 부서를 자료에서 찾을 때 두 번 이상 해당되는 부서는?

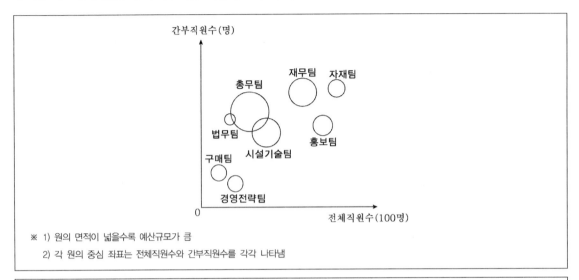

※ 1) 원의 면적이 넓을수록 예산규모가 큼

　2) 각 원의 중심 좌표는 전체직원수와 간부직원수를 각각 나타냄

〈조건〉

㉠ 전체 직원이 가장 많은 부서와 가장 적은 부서는 각각 A와 B이다.

㉡ 예산규모가 가장 큰 부서와 가장 작은 부서는 각각 C와 D이다.

㉢ 전체직원수 대비 간부직원수의 비율이 가장 높은 부서와 가장 낮은 부서는 각각 E와 F이다.

① 자재팀　　　　　　　　　　　② 총무팀

③ 홍보팀　　　　　　　　　　　④ 구매팀

⑤ 법무팀

17 다음 자료는 연도별 금융자산 투자규모에 관한 것이다. 다음 보기 중 옳지 않은 것을 모두 고르면?

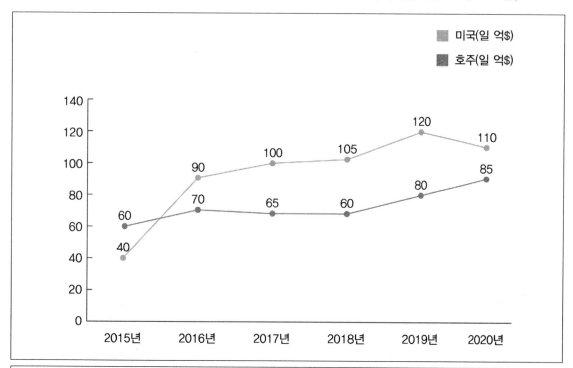

ㄱ 전년 대비 2019년의 금융자산 투자규모 증가량은 호주가 미국보다 크다.
ㄴ 미국과 호주의 금융자산 투자규모 차이는 2019년보다 2017년이 더 크다.
ㄷ 6년간 금융자산 투자규모의 평균은 미국이 호주보다 25억 $ 이상 더 많다.
ㄹ 호주의 금융자산 투자규모 최솟값은 미국의 금융자산 투자규모 최솟값보다 높다.

① ㄱㄴ

② ㄴㄷ

③ ㄷㄹ

④ ㄱㄴㄷ

⑤ ㄴㄷㄹ

18 다음은 연령별 기부현황에 관한 자료이다. 20 ~ 40대에서 가장 저조한 참여율과 50대 이상에서 가장 높은 참여율의 합이 전체 참여율에서 차지하는 비중은?

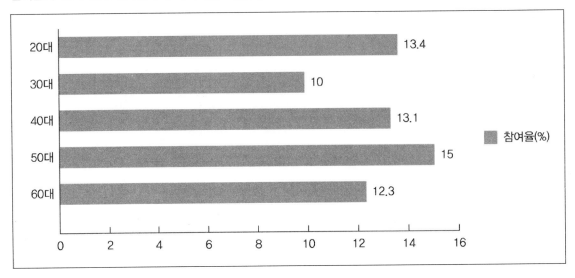

① 37.2%

② 38.4%

③ 39.2%

④ 41.2%

⑤ 41.4%

19 다음은 A국의 미세먼지 농도에 관한 자료이다. 이를 참고하여 보고서를 작성할 때 ( ) 안에 들어갈 말로 적절한 것은?

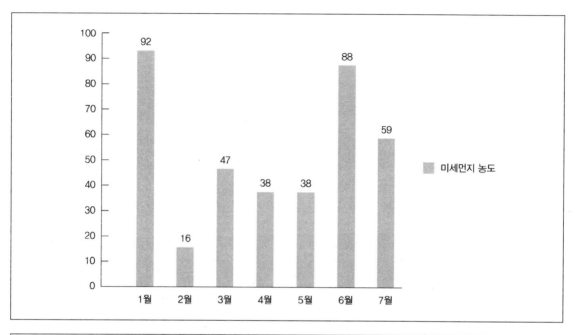

〈미세먼지 예보 기준〉

좋음	보통	나쁨	매우 나쁨
0 ~ 15㎛/㎥	16 ~ 35㎛/㎥	36 ~ 75㎛/㎥	76 이상 ㎛/㎥

A국의 미세먼지 농도는 1월부터 2월까지 '보통'을 유지하다가 3월에 이르러 전달 대비 (㉠)이 상승하여 '나쁨'으로 예보되었다. 4월에 이르러 잦은 비로 인해 미세먼지 농도가 낮아져 '보통'으로 기록되었지만 다음 달에 미세먼지 농도가 16㎛이 상승하며 (㉡)으로 예보되었다. 6월에 이르러 미세먼지 농도는 최고치를 기록했으며 이는 1월 대비 (㉢)가 증가된 수치로, 미세먼지 예보기준 중 (㉣)에 해당한다.

	㉠	㉡	㉢	㉣
①	16㎛	보통	2배	매우 나쁨
②	16㎛	보통	3배	매우 나쁨
③	18㎛	나쁨	4배	매우 나쁨
④	18㎛	나쁨	5배	나쁨
⑤	18㎛	매우 나쁨	6배	나쁨

20. 다음 연도별 우리나라의 칠레산 농축산물 수입액 추이 자료를 보고 2019년에 우리나라 총 수입에서 칠레산 상품이 차지하는 비율이 두 번째로 낮은 상품의 2014년 대비 2020년의 수입액 증가율을 구하시오.

〈칠레산 농축산물 수입액 추이〉

(단위 : 천 달러, %)

구분	2014	2016	2019	2020
농산물	21,825(0.4)	109,052(0.8)	222,161(1.2)	268,655(1.4)
포도	13,656(35.1)	64,185(58.2)	117,935(60.3)	167,016(71.1)
키위	1,758(7.8)	3,964(6.9)	12,391(18.5)	11,998(27.6)
축산물	30,530(1.4)	92,492(2.8)	135,707(2.9)	114,442(2.4)
수산물	30,237(15.4)	89,508(10.2)	125,860(10.4)	102,477(11.2)
임산물	16,909(0.9)	37,518(1.3)	355,332(5.9)	398,595(6.1)

※ ( ) 안의 숫자는 우리나라 총 수입에서 칠레산이 차지하는 비율임

① 243.4

② 251.6

③ 268.4

④ 274.9

⑤ 280.1

2 추리

[1 ～ 3] 다음의 사실이 전부 참일 때 항상 참인 것을 고르시오.

1

> - 벚꽃이 피면 축제가 열린다.
> - 차가 막히지 않으면 축제가 열린 것이 아니다.
> - 축제가 열리면 소비가 활성화 되고, 지역경제가 살아난다.

① 벚꽃이 피면 차가 막히지 않는다.　　② 벚꽃이 피면 지역경제가 살아난다.

③ 벚꽃이 피면 소비가 비활성화 된다.　　④ 차가 막히면 지역경제가 살아난다.

⑤ 축제가 열리면 벚꽃이 핀다.

2

> - A그룹은 V그룹보다 인기가 있다.
> - S그룹은 V그룹보다 인기가 없다.
> - K그룹은 S그룹보다 인기가 없다.

① A그룹은 S그룹보다 인기가 없다.　　② V그룹은 K그룹보다 인기가 없다.

③ S그룹은 A그룹보다 인기가 없다.　　④ K그룹은 V그룹보다 인기가 있다.

⑤ V그룹은 A그룹보다 인기가 있다

3

> - 모든 작가는 안경을 쓴다.
> - 안경을 쓴 어떤 사람은 머리가 좋다.

① 안경을 쓴 모든 사람은 작가다.　　② 안경을 쓴 모든 사람은 머리가 좋다.

③ 안경을 쓰지 않은 사람은 작가가 아니다.　　④ 안경을 쓰지 않은 사람은 머리가 좋지 않다.

⑤ 머리가 좋지 않은 사람은 안경을 쓰지 않았다.

[4 ~ 7] 주어진 결론을 반드시 참으로 하는 전제를 고르시오.

4

> • 전제1 : 모든 실력 있는 사람은 논쟁을 두려워하지 않는다.
>
> • 전제2 : _____
>
> • 결 론 : 궤변론자들은 실력 있는 사람이 아니다.

① 어떤 실력 있는 사람은 궤변론자이다.

② 어떤 궤변론자는 실력 있는 사람이다.

③ 논쟁을 두려워하지 않는 사람은 궤변론자가 아니다.

④ 어떤 궤변론자는 논쟁을 두려워하지 않는다.

⑤ 모든 궤변론자는 논쟁을 두려워하지 않는다.

5

> • 전제1 : 어떤 사원은 업무능력이 좋다.
>
> • 전제2 : _____
>
> • 결 론 : 직무교육을 받은 어떤 사원은 업무능력이 좋다.

① 어떤 사원은 직무교육을 받는다.

② 모든 사원은 직무교육을 받는다.

③ 모든 사원은 업무능력이 좋다.

④ 어떤 사원은 업무능력이 좋지 않다.

⑤ 모든 사원은 직무교육을 받지 않는다.

6

> • 전제1 : 많은 연습을 하는 축구선수는 반드시 골을 넣는다.
> • 전제2 : _____
> • 전제3 : 팬들을 즐겁게 하지 못하는 축구선수는 좋은 축구선수가 아니다.
> • 결 론 : 많은 연습을 하는 축구선수는 팬들을 즐겁게 한다.

① 골을 넣는 모든 선수는 많은 연습을 하는 축구선수이다.
② 좋은 축구선수가 아니라면 팬들을 즐겁게 하지 못한다.
③ 골을 넣는 선수는 좋은 축구선수이다.
④ 팬을 즐겁게 하는 선수는 좋은 축구선수이다.
⑤ 좋은 축구선수는 많은 연습을 하는 선수이다.

7

> • 전제1 : 화학비료를 쓴 딸기는 달지 않다.
> • 전제2 : _____
> • 전제3 : 햇볕을 잘 받은 딸기는 달다.
> • 결 론 : 화학비료를 쓴 딸기는 예쁘게 생겼다.

① 예쁘게 생긴 딸기는 달다.
② 달지 않은 딸기는 예쁘게 생겼다.
③ 예쁘게 생긴 딸기는 햇볕을 잘 받았다.
④ 햇볕을 잘 받지 못한 딸기는 달지 않다.
⑤ 햇볕을 잘 받은 딸기는 화학비료가 필요 없다.

8 다음을 근거로 판단할 때 참인 사람은 누구인가?

> A 동아리 학생 5명은 각각 B 동아리 학생들과 30회씩 가위바위보 게임을 하였다. 각 게임에서 이길 경우 5점, 비길 경우 1점, 질 경우 −1점을 받는다. 게임이 모두 끝나자 A 동아리 학생 5명은 자신들이 얻은 합산 점수를 다음과 같이 말하였다.
>
> 甲 : 내 점수는 148점이다.
> 乙 : 내 점수는 145점이다.
> 丙 : 내 점수는 143점이다.
> 丁 : 내 점수는 140점이다.
> 戊 : 내 점수는 139점이다.
>
> 이들 중 한 명만 참이다.

① 甲   ② 乙
③ 丙   ④ 丁
⑤ 戊

[9 ~ 12] 다음 진술이 참이 되기 위해 필요한 전제를 모두 고르시오.

9

> 농부는 행복한 사람이다.

> ㉠ 농부는 매사에 감사하는 사람이다.
> ㉡ 농부는 매사에 만족할 줄 아는 사람이다.
> ㉢ 농부는 자급자족할 줄 아는 사람이다.
> ㉣ 매사에 만족할 줄 아는 사람은 행복한 사람이다.
> ㉤ 매사에 감사하며 사는 사람은 성공할 수 있는 사람이다.
> ㉥ 행복한 사람은 성공할 수 있는 사람이다.

① ㉠㉡   ② ㉠㉢
③ ㉡㉢   ④ ㉡㉣
④ ㉤㉥

10

리더는 구성원들을 이끌 수 있는 사람이다.

ㄱ 리더는 적극적으로 참여하는 사람이다.
ㄴ 리더는 상식이 풍부한 사람이다.
ㄷ 리더는 실패를 맛 본 사람이다.
ㄹ 상식이 풍부한 사람은 생각의 깊이가 다른 사람이다.
ㅁ 적극적으로 참여하는 사람은 구성원들을 이끌 수 있는 사람이다.
ㅂ 실패를 맛 본 사람은 독서를 즐겨하는 사람이다.

① ㄱㄹ

② ㄱㅁ

③ ㄴㄷ

④ ㄷㄹ

⑤ ㄹㅂ

11

끈기가 있는 사람은 성공할 수 있는 사람이다.

ㄱ 끈기가 있는 사람은 잠재력을 믿는 사람이다.
ㄴ 끈기가 있는 사람은 도전하는 사람이다.
ㄷ 끈기가 있는 사람은 불만이 없는 사람이다.
ㄹ 불만이 없는 사람은 감사할 줄 아는 사람이다.
ㅁ 도전하는 사람은 성공할 수 있는 사람이다.
ㅂ 잠재력을 믿는 사람은 긍정적인 사람이다.

① ㄱㄹ

② ㄱㅁ

③ ㄴㄹ

④ ㄴㅁ

⑤ ㄹㅂ

12

긍정적인 사람은 남을 포용할 수 있는 사람이다.

> ㉠ 긍정적인 사람은 웃을 수 있는 사람이다.
> ㉡ 긍정적인 사람은 성공할 수 있는 사람이다.
> ㉢ 긍정적인 사람은 남을 탓하지 않는 사람이다.
> ㉣ 남을 탓하지 않는 사람은 남을 포용할 수 있는 사람이다.
> ㉤ 성공할 수 있는 사람은 남에게 베풀 줄 아는 사람이다.
> ㉥ 웃을 수 있는 사람은 긍정적인 사람이다.

① ㉠㉡   ② ㉠㉣

③ ㉡㉣   ④ ㉡㉥

⑤ ㉢㉣

13 A는 경상남도 지역으로 출장을 떠나게 된다. 다음 제시된 일정들이 모두 참이라고 할 때 A가 가게 될 지역으로 옳은 것은?

> ㉠ A가 가장 먼저 갈 지역은 통영이다.
> ㉡ A가 창원에 간다면 통영은 가지 않는다.
> ㉢ A는 창원에 가거나 거제에 간다.
> ㉣ A가 진주에 가지 않는다면 거제에도 가지 않는다.
> ㉤ A는 거제에 가고 김해에 간다.

① 통영, 창원

② 통영, 거제, 김해

③ 통영, 거제, 진주, 김해

④ 통영, 창원, 진주, 김해

⑤ 통영, 창원, 거제, 진주, 김해

14 甲 ~ 戊의 다섯 가족이 같은 골목에 살고 있으며 각 가족의 집은 다음과 같다. 이를 토대로 가장 처음에 있는 집을 고르면?

> • 丁의 집과 戊의 집은 甲의 집의 왼쪽에 있다.
> • 丙의 집이 가장 처음은 아니다.
> • 丙의 집은 丁의 집의 왼쪽에 있다.
> • 甲의 집은 乙의 집의 바로 오른쪽에 있다.

① 甲   ② 乙

③ 丙   ④ 丁

⑤ 戊

[15 ~ 16] 다음의 관계를 유추하여 (   ) 안에 들어갈 단어로 적절한 것을 고르시오.

15

개척 : 개간 = 발명 : (   )

① 창안   ② 답변

③ 배출   ④ 유보

⑤ 이면

16

가죽 : (   ) = 고무 : 타이어

① 수선   ② 재킷

③ 동물   ④ 변론

⑤ 환경

[17 ~ 19] 다음 제시된 도형을 보고 "?"에 들어갈 도형으로 알맞은 것을 고르시오.

17

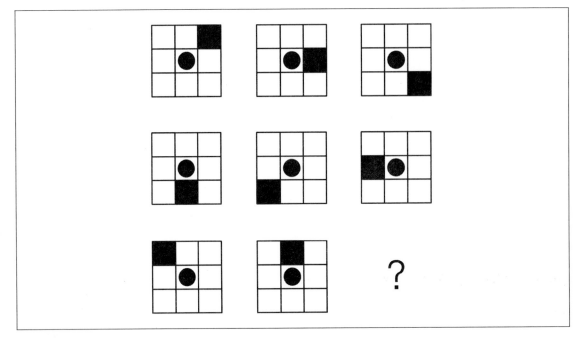

①

②

③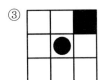

④

⑤

18

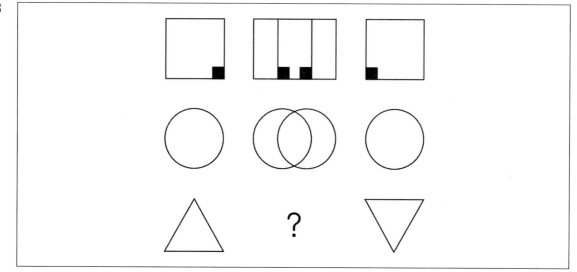

①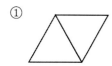

②

③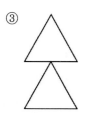

④

⑤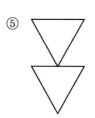

①

②

③

④

⑤

[20 ~ 23] 다음의 기호가 문자 배열을 바꾸는 규칙을 나타낸다고 할 때, "?"로 옳은 것을 고르시오.

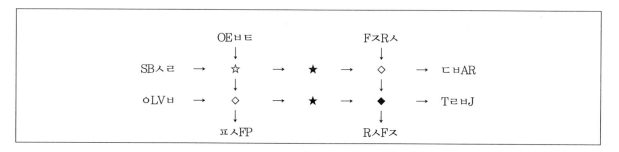

20

ㅊㅎHP→ ★ → ◇ →?

① ㅋㄱIQ   ② IQㅋㄱ

③ NFㅌㅇ   ④ ㅌㅇNF

⑤ ㅇㅌFN

21

UKㄱㅊ → ◆ → ☆ →?

① LVㅋㄴ   ② VLㄴㅋ

③ SIㅍㅇ   ④ ISㅇㅍ

⑤ ㅇㅍIS

22

ㅁHㄷI→ ☆ → ◆ → ★ →?

① IㅂJㄹ   ② JㄹㅂI

③ GㄹHㄴ   ④ HㄴㄹG

⑤ ㅇKㅂL

23

QㅂNㅌ →?→ ◇ → ★ →Lㅊㅇㄹ

① ☆   ② ★

③ ◇   ④ ◆

⑤ 없음

24 제시된 글을 통해 알 수 있는 내용으로 적절하지 않은 것은?

기업들은 이익의 극대화를 위해 끝없이 경쟁한다. 이러한 경쟁의 전략으로 한 기업이 다른 기업을 인수하거나 다른 기업과 합치는 방법이 있는데 이를 기업인수합병이라고 한다. 이는 기업 간의 결합 형태에 따라 수평적, 수직적, 다각적 인수합병으로 나눌 수 있다.

먼저 수평적 인수합병은 같은 업종 간에 이루어지는 인수합병이다. 예를 들면 두 전자 회사가 결합하여 하나의 전자 회사가 되는 경우이다. 일반적으로 수평적 인수합병이 이루어지면 경쟁 관계에 있던 회사가 결합하여 불필요한 경쟁이 줄고 이전보다 큰 규모에서 생산이 이루어지게 되므로 인수합병한 기업은 생산량을 늘릴 수 있게 된다. 이러한 과정에서 규모의 경제가 실현되면 생산 단가가 낮아져 가격 경쟁력이 증가하고 이를 통해 제품의 시장점유율이 높아질 수 있다. 그러나 수평적 인수합병 이후에 독과점으로 인한 폐해가 일어날 경우, 이는 규제의 대상이 되기도 한다.

수직적 인수합병은 동일한 분야에 있으나 생산 활동 단계가 다른 업종 간에 이루어지는 인수합병이다. 이러한 수직적 인수합병은 통합의 방향에 따라 전방 통합과 후방 통합으로 나눌 수 있다. 예를 들어 자동차의 원자재를 공급하는 기업과 자동차를 생산하는 기업이 인수합병하는 경우, 자동차를 생산하는 기업이 자동차의 원자재를 공급하는 기업을 통합하면 후방 통합이고, 자동차의 원자재를 공급하는 기업이 자동차를 생산하는 기업을 통합하면 전방 통합이 된다. 이렇게 수직적 인수합병이 이루어지면 생산 단계의 효율성이 증가하여 거래비용이 감소하고, 원자재를 안정적으로 공급할 수 있다는 장점이 있지만, 인수합병한 기업 중 특정 기업에 문제가 발생할 경우, 기업 전체가 위험해질 수 있다는 단점도 있다.

마지막으로 다각적 인수합병은 서로 관련성이 적은 기업 간의 결합이다. 예를 들면 한 회사가 전자 회사, 건설 회사, 자동차 회사를 결합하여 하나의 회사를 만드는 경우이다. 이러한 경우 만약 건설 회사의 수익성이 낮더라도 상대적으로 높은 수익성이 기대되는 다른 회사를 통해 위험을 분산시킨다면 기업의 안정된 수익성을 유지할 수 있다는 장점이 있다. 그러나 기업이 외형적으로만 비대해질 경우, 시장에서 높은 수익을 내기에는 한계가 있을 수도 있다.

기업은 인수합병을 통해 사업의 규모를 확대할 수 있다. 그러나 경우에 따라서는 인수합병을 통한 외적인 성장에만 치우쳐 신기술 연구 등과 같은 내적 성장을 위한 투자에 소홀할 수 있다. 또한 인수합병 과정에서 많은 직원이 해직되거나 전직될 수도 있고 이로 인해 조직의 인간관계가 깨지는 등 여러 문제가 발생할 수 있기에 인수합병은 신중하게 이루어져야 한다.

① 기업은 인수합병을 통해 이익의 극대화를 꾀할 수 있다.

② 기업은 수직적 인수합병을 통해 생산 단계의 효율성을 높일 수 있다.

③ 기업이 다각적 인수합병을 한 경우 위험을 분산하여 안정된 수익성을 유지할 수 있다.

④ 기업은 수평적 인수합병을 통해 경쟁 관계에 있던 기업과 결합하여 불필요한 경쟁을 줄일 수 있다.

⑤ 기업은 수직적 인수합병을 통해 서로 다른 분야에 있으나 생산 활동 단계가 같은 업종끼리 결합할 수 있다.

25 제시된 글에서 언급하지 않은 내용은 무엇인가?

회화 작품에는 점, 선, 면, 형태, 색채와 같은 조형 요소와 통일성, 균형, 비례와 같은 조형 원리들이 다양하게 어우러져 있다. 이들은 감상자에게 시각적으로 작용함은 물론 심리적으로도 영향을 미칠 수 있다. 회화의 조형 원리 중 하나인 통일성은 화면의 여러 조형 요소들에 일관성을 부여하여 질서를 갖추게 하는 원리를 말한다.

회화의 통일성은 시각적인 것과 지적인 것으로 나눌 수 있다. 시각적 통일성이란 눈으로 볼 수 있는 각 조형 요소들 사이에 존재하는 유사성이나 규칙성 등을 통해 통일성을 이루는 것을 의미한다. 이는 작품을 보는 순간 느낄 수 있는 직접적인 것으로 형태나 색채 등의 시각적인 조형 요소들로 표현된다. 지적 통일성이란 주제와 관련된 의미나 개념이 통일성을 이루는 것을 말한다. 즉 사고를 통해 알 수 있는 개념적인 것들이 주제와 연관성을 가지는 통일성을 의미한다. 시각적인 일치를 이루고 있지는 않더라도 특정 주제에 대해 그와 관련된 것들로 그림을 완성하였다면 이는 지적 통일성을 이루고 있다고 말할 수 있다. 따라서 시각적인 통일성이 조형 요소의 형식적 질서라면, 지적인 통일성은 내용에 대한 질서라고 할 수 있다.

통일성을 구현하기 위해서 보편적으로 인접, 반복, 연속 등의 방법이 사용된다. 인접은 각각 분리된 요소들을 가까이 배치해 서로 관계를 맺고 있는 것처럼 보이게 만드는 방법이다. 밤하늘에서 별자리를 찾는 일도 몇몇 특정한 별들을 인접시켜 해석함으로써 형상에 따라 의미를 부여한 것이고 문자를 인접시켜 단어를 만드는 것도 통일성의 질서를 이용한 것이라 할 수 있다. 반복은 부분적인 것들을 반복시켜 작품 전체에 통일성을 부여하는 방법이다. 반복되는 것에는 색깔이나 형태, 질감은 물론이고 방향이나 각도 등 여러 가지가 있을 수 있다. 마지막으로 연속은 어떤 대상에서 다른 대상으로 연관을 갖고 이어지게 하여 통일성을 구현하는 방법이다. 연관된 것들을 보게 되면 우리의 눈길은 어떤 것에서 연관된 그 다음의 것으로 자연스럽게 옮겨 가게 된다. 시각적으로는 형태나 색채 등이 화면에서 연관되는 것을 의미하고, 지적으로는 주제와 관련된 의미나 개념이 서로 연결되며 이어지는 것을 말한다. 이는 주제와 관련된 대상들을 연속적이고 유기적으로 배열하여 작품 전체에 통일성을 부여하는 것이다.

통일성은 작품에서 주제를 구현하는 중요한 조형 원리이다. 회화에서 통일성의 원리를 바탕으로 작품을 감상하는 것이 중요한 이유는 작품 속의 다양한 조형 요소와 그 조형 요소들이 이루는 일관된 질서를 바탕으로 작품을 감상했을 때 감상자는 작가가 의도한 작품의 의미에 한발 더 다가서서 작품의 의미를 이해할 수 있기 때문이다.

① 회화에서 통일성의 개념
② 회화에서 통일성의 종류
③ 회화의 통일성을 구현하는 방법
④ 회화에서 통일성을 잘 구현한 작가들의 작품
⑤ 회화에서 통일성의 원리를 바탕으로 한 작품 감상의 의의

26 밑줄 친 ㉠의 이유를 추리한 내용으로 가장 적절한 것은?

지난 베이징 올림픽의 개막식이 열리기 12시간 전에 황하강 상류 지역에서 생긴 비구름이 베이징으로 향하고 있다는 소식이 전해졌다. 그러자 기상 당국은 공군에 요청하여 비행기 두 대를 띄웠다. 그 비행기들은 상공에 화학 물질을 살포하여 비구름이 베이징에 이르기 전에 비를 내리게 하였다. 어떻게 이 같은 일이 가능했을까? 그것은 바로 인공강우 기술을 이용했기 때문이다. 인공강우 기술이란 구름에 인공적인 영향을 주어 비를 내리게 하는 방법을 말한다.

인공강우의 구체적 원리를 알기 위해서는 우선 비가 내리는 원리부터 이해해야 한다. 중위도 지방의 경우 공기 덩어리가 높이 상승하면 온도가 내려가면서 구름이 된다. 구름은 수증기와 작은 물방울 및 얼음 알갱이인 빙정이 뒤섞여 있는 상태가 된다. 이 때 빙정은 수천에서 수만 개의 수증기 입자를 끌어들여 커다란 빙정이 되는데, 이렇게 커진 빙정은 무거워져 아래로 떨어지게 된다. 떨어지는 도중 대기의 온도가 높으면 녹아서 비가 되고, 낮으면 눈이 된다.

비나 눈이 내리기 위해서는 구름 속에 빙정이 충분히 있어야 한다. 빙정은 중심 물질이 있어야 더 잘 형성되는데, 이러한 중심 물질을 구름씨라 한다. 구름 속에는 순수한 수분 입자만 있는 것이 아니라 바닷물에서 나온 소금 입자나 식물의 포자, 연기, 자동차 배기가스 물질, 각종 먼지 등도 함께 있는데, 이런 물질들이 구름씨 역할을 한다. 구름 속에 빙정이 충분하지 않으면 비나 눈으로 내릴 수 없다. 이 때 구름 속에서 빙정이 충분히 만들어질 수 있도록 인공적으로 구름 속에 구름씨의 역할을 하는 물질을 뿌려 비나 눈을 내리게 하는 것이 인공강우법이다.

중위도 지방에서 인공강우는 '요오드화은'이나 '드라이아이스'를 사용한다. 요오드화은은 구름 속에서 구름씨의 역할을 하고, 드라이아이스는 구름 속의 온도를 급격히 낮춰 빙정이 많이 생겨나게 한다. 하지만 인공강우 기술도 아무 구름에나 적용할 수는 없다. 수분을 많이 함유하지 않은 구름은 아무리 구름씨를 뿌려도 비가 내리지 않기 때문이다.

인공강우 기술은 농작물의 재배 수익을 증가시키고, 수자원 확보에 도움이 되는 등 투입한 비용에 비해 얻을 수 있는 효과가 뛰어난 것으로 알려져 있다. 하지만 그에 따른 부작용도 만만찮다. ㉠중국의 경우에도 베이징 올림픽 때 실시한 인공강우의 여파로 베이징 시와 주변 지역이 한때 극심한 가뭄에 시달렸다고 한다. 사람이 인위적으로 자연 현상을 조절함으로 인해 부작용이 발생하게 된 것이다.

① 지형과 기후적인 조건을 고려하지 않은 채 인공강우법을 썼기 때문에

② 대기에 인공적으로 살포한 물질로 인해 비구름이 한 곳으로 모여들었기 때문에

③ 구름 속에 살포한 물질이 오히려 대기 속에서 수증기의 형성을 방해했기 때문에

④ 특정 지역에 인공적으로 비를 내리게 해서 해당 지역에서 비를 내릴 구름이 사라졌기 때문에

⑤ 특정 지역에 한꺼번에 비를 많이 내리게 해서 해당 지역의 구름에 구름씨가 사라졌기 때문에

27 제시된 글에 대한 이해로 적절하지 않은 것은?

우리가 흔히 건반 악기라고 부르는 피아노는 정확하게 표현하자면 건반으로 연주하는 현악기이다. 건반과 연결된 해머가 현을 때리면 현이 진동하게 되고, 이 진동으로 생성된 음이 음향판에서 증폭되어 특유의 음색을 가진 소리를 내기 때문이다. 그랜드 피아노를 기준으로 피아노에서 특유의 소리가 나기까지 어떤 것들이 관여하는지 살펴보자.

우선 피아노에서 핵심적 역할을 하는 '액션'을 살펴볼 필요가 있다. 각 건반마다 하나씩 있는 액션은 크게 세 가지 역할을 한다. 우선 액션은 건반을 누른 힘보다 더 큰 힘으로 액션에 있는 해머가 현을 때리도록 하는 지렛대 역할을 한다. 둘째, 건반을 누를 때에는 해당 현의 댐퍼가 현에서 떨어지게 했다가 손을 건반에서 뗄 때 댐퍼가 현에 다시 붙게 한다. 건반을 누르고 있는 동안에는 해머에 의해 진동을 시작한 현이 계속 진동할 수 있게 하고, 그 건반에서 손을 떼면 댐퍼가 다시 현에 붙도록 하여 다른 현이 진동할 때 공명하지 않게 만드는 것이다. 셋째, 해머가 현을 때리는 즉시 액션은 해머를 현에서 이탈하게 한다. 액션이 이처럼 작동하는 이유는 만약 해머가 현을 때리고 곧바로 떨어지지 않거나, 해머가 현을 때린 후 그 반동으로 인해 제멋대로 움직인다면 해머의 방해로 현이 자유롭게 진동하지 못하기 때문이다.

건반 하나에 액션은 하나가 대응하지만 현은 그렇지 않다. 건반 하나에 같은 음높이로 조율된 여러 개의 현들이 대응하도록 제작되어 있다. 저음부에는 해머 하나에 같은 음높이의 현이 1~2개씩 대응되어 있고, 중고음부에는 2~3개씩 대응되어 있어 해머가 한 번에 여러 개의 현을 때릴 수 있다. 그에 따라 같은 음높이를 가진 현이 여러 개 진동하므로 더 큰 소리를 낼 수 있게 된다. 여기서 발생하는 진동은 현과 음향판을 잇는 역할을 하는 브리지를 거쳐 음향판으로 전달된다. 음향판은 현의 진동을 전달 받아 공기와의 접촉면을 넓혀 음량을 증폭하는 역할을 한다. 음향판에는 향봉이 부착되어 있어 음이 음향판 전체에 고루 퍼질 수 있도록 하는데, 음향판의 모양은 피아노 특유의 음색에 변화를 가져올 수 있다.

피아노의 페달 역시 페달을 밟고 있는 동안 특정 역할을 수행하여 음색에 영향을 주기도 한다. 피아노의 세 페달 중 오른쪽에 있는 페달을 '댐퍼 페달'이라고 한다. 이 페달을 밟으면 모든 현에서 댐퍼가 일제히 떨어지게 된다. 만약 댐퍼 페달을 밟고 건반을 누른다면 현의 진동은 건반을 누르지 않은 다른 현에도 공명을 일으킬 것이다. 또한 건반에서 손을 떼도 이 같은 현상이 어느 정도 지속될 것이다. 그러므로 댐퍼 페달은 연주된 음을 지속적으로 울리게 하여 음향을 풍부하게 하고 음과 음 사이를 부드럽게 연결하는 효과를 낸다. 왼쪽 페달은 '소프트 페달'이라고 하는데, 이 페달을 밟으면 해머가 한쪽으로 조금씩 움직여서 해당 건반의 해머가 때리는 현의 수를 3현은 2현으로, 2현은 1현으로 감소시킨다. 이를 통해 음량을 감소시킬 수 있다. 가운데 페달은 '소스테누토 페달'이라고 하는데, 이를 밟은 채 건반을 누르면 해머가 때린 현의 댐퍼만이 현에서 떨어지게 된다. 이로 인해 음색에 변화를 줄 수 있다.

① 음향판의 모양은 피아노 특유의 음색에 변화를 가져올 수 있다.

② 건반 개수는 액션 개수와는 같지만, 현의 개수보다는 적다.

③ 건반을 세게 내려치면 액션은 그 힘을 자연스럽게 완화시키는 기능을 한다.

④ 건반을 눌러도 소리가 나지 않는다면 해머가 현을 때리지 못하고 있을 가능성이 있다.

⑤ 해머가 현을 때린 후 곧바로 현에서 떨어지지 않으면 연주자가 의도한 대로 현이 울리지 않을 수 있다.

28 제시된 글을 읽고 알 수 있는 것은?

> 인문학의 중요성을 강조하는 사람들은 흔히 인간이란 정신적 존재이기 때문에 참다운 인간적 삶을 위해서는 물질적 욕구의 충족을 넘어서서 정신적 풍요로움을 누려야 하며 이 때문에 인문학은 필수적이라고 주장한다. 뿐만 아니라 인문학은 인간의 삶에 필수적인 건전한 가치관의 형성에도 중요한 역할을 한다고 주장한다. 그러나 과연 현대 인문학은 이러한 상식적인 주장들을 감당할 수 있을까?
>
> 분명 인간은 의식주라는 생물학적 욕구와 물질적 가치의 추구 외에 정신적 가치들을 추구하며 사는 존재이다. 그렇다고 이것이 그대로 인문학의 가치를 증언하는 것은 아니다. 그 이유는 무엇보다 인문적 활동 자체와 그것에 대한 지식 혹은 인식을 추구하는 인문학은 구별되기 때문이다. 춤을 추고 노래를 부르거나 이야기를 하는 등의 제반 인간적 활동에 대한 연구와 논의를 하는 이차적 활동인 인문학, 특히 현대의 인문학처럼 고도로 추상화된 이론적 논의들이 과연 인간적 삶을 풍요롭게 해주느냐가 문제이다.
>
> 현대 인문학은 대부분 과거의 인문적 활동의 산물을 대상으로 한 역사적 연구에 치중하고 있다. 전통적인 인문학도 역시 과거의 전통과 유산, 특히 고전을 중시하여 그것을 가르치고 연구하는 데 역점을 두었으나 그 교육방법과 태도는 현대의 역사적 연구와는 근본적으로 달랐다. 현대의 역사적 연구는 무엇보다도 연구 대상과의 시간적, 문화적 거리감을 전제로 하여 그것을 명확하게 의식하는 가운데서 이루어진다. 현대의 역사주의는 종교나 철학사상 혹은 문학 등 동서고금의 모든 문화적 현상들을 현재 우리와는 전혀 다른 시대에 산출된 이질적인 것으로 의식하면서 그것들을 우리들의 주관적 편견을 제거한 객관적인 역사적 연구 대상으로 삼는다.
>
> 인문학이 자연과학처럼 객관적 지식을 추구하는 학문이 되면서, 인문학은 인격을 변화시키고 삶의 의미를 제공해주던 전통적 기능이 상실되고 그 존재 가치를 의심받게 되었다. 학문과 개인적 삶이 확연히 구분되고 인문학자는 더 이상 인문주의자가 될 필요 없어졌다. 그는 단지 하나의 전문 직업인이 되었다.

① 사회학의 중요성을 강조하는 사람들은 인문학이 건전한 가치관의 형성에 중요한 역할을 한다고 주장한다.

② 인간은 정신적 가치보다 의식주라는 생물학적 욕구와 물질적 가치들을 추구하며 사는 존재이다.

③ 현대의 역사주의는 동서고금의 모든 문화적 현상들을 객관적인 역사적 연구대상으로 삼는다.

④ 현대 인문학은 대부분 현재의 인문적 활동의 산물을 대상으로 한 역사적 연구에 치중하고 있다.

⑤ 인문학이 자연과학처럼 객관적 지식을 추구하는 학문이 되면서, 인문학은 인격을 변화시키고 삶의 의미를 제공해주던 전통적 기능이 강화되었다.

29 제시된 글을 통해 알 수 있는 내용으로 적절하지 않은 것은?

지구의 여러 곳에서 장기간에 걸친 가뭄, 폭염, 홍수, 폭우 등과 같은 이상 기후가 발생하여 인간에게 큰 피해를 주고 있다. 이러한 이상 기후가 나타나는 원인 중에는 엘니뇨와 라니냐가 있다.

평상시에는 오른쪽 그림과 같이 적도 부근의 동태평양에 있는 남아메리카 페루 연안으로부터 서쪽으로 무역풍이 지속적으로 분다. 이 무역풍은 동쪽에 있는 따뜻한 표층수를 서쪽 방향으로 운반하기 때문에 따뜻한 해수층의 두께는 서태평양 쪽에서는 두껍고 동태평양 쪽에서는 얇아진다. 이와 함께 남아메리카 페루 연안에서는 서쪽으로 쓸려 가는 표층수의 자리를 메우기 위해 차가운 심층 해수가 아래로부터 올라오는 용승이 일어나게 된다.

이 결과 적도 부근 동태평양 페루 연안의 해수면 온도는 같은 위도의 다른 해역보다 낮아지고, 적도 부근 서태평양에서의 표층 해수의 온도는 높아지게 된다. 표층 해수의 온도가 높아지면 해수가 증발하여 공기 중에 수증기의 양이 많아지고, 따뜻한 해수가 공기를 데워 상승 기류를 발생시켜 저기압이 발달하고 구름이 생성된다. 이로 인해 해수 온도가 높은 서태평양에 위치한 동남아시아와 오스트레일리아에는 강수량이 많아진다. 반대로 남아메리카의 페루 연안에는 하강 기류가 발생하여 고기압이 발달하고 맑고 건조한 날씨가 나타난다.

적도 부근 태평양의 무역풍은 2~6년 사이로 그 세기가 변하는데, 이에 따라 적도 부근 태평양의 기후 환경은 달라진다. 무역풍이 평상시보다 약해지면 태평양 동쪽의 따뜻한 표층수를 서쪽으로 밀어내는 힘이 약해진다. 이로 인해, 적도 부근 동태평양의 용승이 약해지며 해수면의 온도는 평상시보다 높아진다. 따뜻한 표층수가 동쪽에 머무르면, 적도 부근 서태평양은 평상시에 비해 해수면의 온도와 해수면의 높이가 낮아지고, 적도 부근 동태평양은 해수면의 온도와 해수면의 높이가 상승하는데 이 현상이 엘니뇨이다. 엘니뇨가 발생하면 인도네시아, 오스트레일리아 등에서는 평상시에 비해 강수량이 감소하여 가뭄이 발생하고, 대규모 산불이 일어나기도 한다. 반면에 페루, 칠레 등에서는 평상시보다 많은 강수량을 보이면서 홍수가 자주 발생하는 등 이상 기후가 나타나게 된다.

한편, 무역풍이 평상시보다 강해지면 적도 부근 동태평양의 해수면의 온도와 해수면의 높이가 평상시보다 더 낮아지고 적도 부근 서태평양의 해수면의 온도와 해수면의 높이가 평상시보다 더 높아진다. 이런 현상을 라니냐라고 한다. 라니냐가 발생하면 동남아시아와 오스트레일리아에서는 홍수가 잦아지거나 이상 고온 현상이 나타나기도 하고, 반대로 페루, 칠레 등에서는 평상시보다 더 건조해져 가뭄이 발생할 수 있다. 라니냐가 발생하면 적도 부근 동태평양의 기압은 평상시보다 상승하고 서태평양의 기압은 평상시보다 하강하여 두 지역의 기압차는 평상시보다 더 커진다.

① 적도 부근 서태평양에서 표층 해수의 온도가 높아지면 상승 기류가 발생한다.

② 평상시에 무역풍은 적도 부근 태평양의 표층수를 동쪽에서 서쪽 방향으로 이동시킨다.

③ 동태평양 페루 연안에서 용승이 일어나면 같은 위도의 다른 해역보다 페루 연안의 해수면 온도가 높아진다.

④ 평상시 적도 부근 서태평양에 저기압이 발달하면 적도 부근 서태평양에 위치한 동남아시아의 강수량이 많아진다.

⑤ 평상시에 적도 부근 동태평양의 따뜻한 표층수가 서쪽으로 이동하여 동태평양의 따뜻한 해수층의 두께가 얇아진다.

30 제시된 글을 바탕으로 ㈎ ~ ㈒의 서술 방식에 대한 설명이 적절하지 않은 것은?

㈎ 겸허는 남 앞에서 자신을 낮춘다든가, 자기가 이룬 것을 남 앞에서 뻐기지 않는다든가, 아는 체하지 않고 잘난 체하지 않으며 삼가는 태도, 나아가 모르는 척하고 못난 척하며 자신을 낮추는 태도를 뜻한다. 이처럼 겸허는 주로 대인 관계의 관점에서 처세의 방법으로 정의되어 왔다.

㈏ 이런 '척하기'의 처세는 고대로부터 현인들이 취한 바 있다. 그 대표적인 예가 소크라테스이다. 소크라테스의 핵심적인 가르침이 '무지(無知)의 지혜'이다. 기원전 5세기의 그리스에서는 지자(知者)라는 소피스트들이 말의 기술을 내세워 경쟁에서 이기는 법을 가르쳤다. 이에 맞서 소크라테스가 내세운 역설이 "나는 아무것도 모른다. 다만 나는 내가 모른다는 사실만은 안다."라는 것이었다. 그는 소피스트들을 찾아가 아무것도 모르는 '척'하며 그들이 진짜 지혜로운지 알아본다. 소피스트 앞에서 소크라테스의 겸허는 자신의 능력을 가장하며 내숭을 떠는 것인데, 요즘 말로 하면 시뮬레이션이다.

㈐ 이러한 겸허는 대인 관계에서 치밀한 지략을 요구한다. 능력 있는 사람이 자신의 능력을 알지만 남에게 뻐기지 않는 것이기 때문이다. 이 '도덕적 시뮬레이션'은 사람을 다루는 고도의 능력과 숙련의 산물인 것이다. 무지하고 무능함을, 가장한 것인지 다른 사람이 느끼지 못하게 가장하는 능력이기 때문이다.

㈑ 그러나 소크라테스의 겸허는 이런 기술적이고 전략적인 면에 머물지 않는다. 진정으로 자신이 무지하고 아무것도 아님을 자각하는 단계에 이름으로써 존재론적 의미를 획득하기 때문이다. 소크라테스는 무지함을 내세우며 다녔어도 "어느 누구도 그보다 지혜로울 수 없다."라는 신탁(神託)의 답을 얻게 되는데, 바로 이를 계기로 모함을 받고 독약을 마시게 된다. 그는 죽음을 앞둔 마지막 순간에도 자신이 당당할 수 있는 근거로 무지의 지혜를 댄다. 사후의 세상을 진정으로 알지 못하기 때문에 죽음이 두렵지 않다고 한 것이다. 이때 무지의 겸허는 '모르는 척'하는 가장이 아니다. 그것은 진정으로 자신이 모르는 존재임을 인정하고, 신 앞에 자신을 내맡기는 자세인 것이다. 이런 의미에서 겸허는 존재론적 자각을 내포한다.

㈒ 그뿐만 아니라 우리는 자아 인식과 자기 조절이라는 관점에서 겸허의 실용적 면을 생각해 볼 수도 있다. 사람은 때에 따라서 어떤 일에 총명하게 대처하거나 정의롭게 행동함으로써 평소의 자기를 넘어서는 능력을 발휘할 수 있으며, 그에 따른 훌륭한 평판을 얻을 수도 있다. 그런데 이런 행위와 평판은 편안한 상태의 자기를 벗어나는 것이므로, 그 행위나 태도가 일시적으로 뛰어날 수는 있어도 지속적이기는 무척 어렵다. 일상적으로 지속될 경우 엄청난 에너지의 소모가 따르기 때문이다. 이때 필요한 것이 겸허의 지혜이다. 이는 원래의 자기 위치로 돌아오는 것이며, 다른 사람과의 관계에서 쓰던 에너지를 자기 자신과의 관계를 재정립하는 데로 돌림으로써, 자신의 에너지 사용을 적절히 제어하는 것이다. 결국 겸허는 처세의 덕목만이 아니라 자아 찾기의 덕목이기도 한 셈이다.

① ㈎ : 논의를 전개하기 위해 중심 화제의 개념을 정의하고 있다.

② ㈏ : 중심 화제에 대한 이해를 돕기 위해 역사적 인물의 예화를 끌어들이고 있다.

③ ㈐ : 중심 화제의 속성을 제시한 뒤 그 근거를 설명하고 있다.

④ ㈑ : 다른 측면에서 중심 화제의 속성을 상술하고 있다.

⑤ ㈒ : 앞에서 설명한 내용을 다시 한 번 강조하기 위해 상세화하고 있다.

제2회 실전모의고사

chapter 02

정답 수	수리논리	/ 20문항	풀이 시간	수리논리	/ 30분
	추리	/ 30문항		추리	/ 30분

1 수리논리

1 비커 A, B, C에 담겨있는 소금물의 농도를 측정하였다. A비커의 농도는 B비커의 농도보다 20% 높았고, C 비커의 농도는 A비커 농도의 2배에서 B비커 농도를 뺀 값의 80%에 해당하였다. 각 비커의 농도를 비교한 것 중 옳은 것은?

① B < C < A

② A < B < C

③ C < B < A

④ B < A < C

⑤ C < A < B

2 러닝머신에서 처음 10분은 시속 8km, 다음 30분은 시속 12km, 마지막 10분은 시속 8km로 달렸다. 평균 시속은 몇 km인가?

① 10.4

② 10.8

③ 11.2

④ 11.6

⑤ 12.2

3 다음 자료는 신문을 본다고 응답한 지역별 인구 비율을 나타낸 것이다. 이에 대한 분석으로 옳은 것을 모두 고르면?

<표>

구분		본다고 응답한 인구 비율	종류	
			일반 신문	인터넷 신문
2018	전체	75.6	67.8	77.9
2020	A 지역	79.5	61.9	80.6
	B 지역	65.8	50.5	82.5

〈지역별 인구비율〉

※ 2020년 조사 대상 지역의 수는 동일함

㉠ 2018년에 신문을 본다고 응답한 인구 중에서 일반 신문과 인터넷 신문을 모두 본다고 응답한 비율은 최소 67.8%이다.

㉡ 2020년에 신문을 본다고 응답한 인구수는 2018년에 비해 적다.

㉢ 2020년의 경우 인터넷 신문을 본다고 응답한 인구수는 A 지역이 B 지역보다 많다.

㉣ 2018년과 2020년 모두에서 인터넷 신문을 본다고 응답한 인구수가 일반 신문을 본다고 응답한 인구수보다 많다.

① ㉠㉡
② ㉠㉢
③ ㉡㉢
④ ㉡㉣
⑤ ㉢㉣

4 다음은 2011 ~ 2020년 5개 자연재해 유형별 피해금액에 관한 자료이다. 이에 대한 설명으로 옳은 것만을 모두 고른 것은?

〈5개 자연재해 유형별 피해금액〉

(단위 : 억 원)

연도\유형	2011	2012	2013	2014	2015	2016	2017	2018	2019	2020
태풍	3,416	1,385	118	1,609	9	0	1,725	2,183	8,765	17
호우	2,150	3,520	19,063	435	581	2,549	1,808	5,276	384	1,581
대설	6,739	5,500	52	74	36	128	663	480	204	113
강풍	0	93	140	69	11	70	2	0	267	9
가뭄	0	0	57	331	0	241	70	3	0	0
전체	12,305	10,498	19,430	2,518	637	2,988	4,268	7,942	9,620	1,720

ㄱ 2011 ~ 2020년 강풍 피해금액 합계는 가뭄 피해금액 합계보다 적다.
ㄴ 2019년 태풍 피해금액은 2019년 5개 자연재해 유형 전체 피해금액의 90% 이상이다.
ㄷ 피해금액이 매년 10억 원보다 큰 자연재해 유형은 호우뿐이다.
ㄹ 피해금액이 큰 자연재해 유형부터 순서대로 나열하면 2017년과 2018년의 순서는 동일하다.

① ㄱㄴ
② ㄱㄷ
③ ㄷㄹ
④ ㄱㄴㄹ
⑤ ㄴㄷㄹ

5 다음은 시도별 청년창업지원금 신청자 중 3년 미만 기창업자 비중에 관한 자료다. 아래 자료에서 특별(자치시), 광역시를 제외하고 2019년 대비 2020년 증가율이 가장 큰 지역과 감소율이 가장 큰 지역이 바르게 연결된 것은?

시도	2019년도	2020년도	증감
서울특별시	19.8	20.6	0.8
부산광역시	20.7	19.1	−1.6
대구광역시	20.7	20.2	−0.5
인천광역시	19.3	18.8	−0.5
광주광역시	19.1	20.1	1
대전광역시	21.2	22.1	0.9
울산광역시	23.3	18.7	−4.6
세종특별자치시	25.5	24.6	−0.9
경기도	23.9	21.3	−2.6
강원도	19.1	17.6	−1.5
충청도	17.3	18.1	0.8
전라도	18.7	18.4	−0.3
경상도	19.9	17.6	−2.3
제주도	22.4	24.1	1.7
평균	20.78	20.02	−0.76

① 세종특별자치시, 경기도

② 경상도, 충청도

③ 충청도, 세종특별자치시

④ 전라도, 경상도

⑤ 제주도, 경기도

6 다음은 A국의 2020년 복지종합지원센터, 노인복지관, 자원봉사자, 등록노인 현황에 대한 자료이다. 이에 대한 설명 중 옳은 것들로만 바르게 짝지어진 것은?

〈A국의 2020년 복지종합지원센터, 노인복지관, 자원봉사자, 등록노인 현황〉

(단위 : 개소, 명)

지역＼구분	복지종합지원센터	노인복지관	자원봉사자	등록노인
A	20	1,336	8,252	397,656
B	2	126	878	45,113
C	1	121	970	51,476
D	2	208	1,388	69,395
E	1	164	1,188	59,050
F	1	122	1,032	56,334
G	2	227	1,501	73,825
H	3	362	2,185	106,745
I	1	60	529	27,256
전국	69	4,377	30,171	1,486,980

㉠ 전국의 노인복지관, 자원봉사자 중 A 지역의 노인복지관, 자원봉사자의 비중은 각각 25% 이상이다.

㉡ A~I 지역 중 복지종합지원센터 1개소당 노인복지관 수가 100개소 이하인 지역은 A, B, D, I이다.

㉢ A~I 지역 중 복지종합지원센터 1개소당 자원봉사자 수가 가장 많은 지역과 복지종합지원센터 1개소당 등록노인 수가 가장 많은 지역은 동일하다.

㉣ 노인복지관 1개소당 자원봉사자 수는 H 지역이 C 지역보다 많다.

① ㉠㉡
② ㉠㉢
③ ㉠㉣
④ ㉡㉢
⑤ ㉡㉣

7 2020년 공채로 채용된 사무직, 연구직, 기술직, 대졸사원은 모두 2,000명이었고 인원 현황은 다음과 같다. 2021년도에 2,000명이 채용되는데 사무직, 연구직, 기술직, 대졸사원의 채용 비율을 19 : 10 : 6 : 4로 변경할 방침이다. 이에 대한 설명으로 옳은 것은?

(단위 : 명)

구분	사무직	연구직	기술직	대졸사원
인원	1,100	200	400	300

① 2021년 기술직 사원수는 2020년 기술직 사원수보다 늘어날 것이다.
② 2021년 연구직 사원수는 2020년 대졸사원수보다 줄어들 것이다.
③ 2021년 연구직 사원수는 전년대비 3배 이상 증가할 것이다.
④ 2021년 사무직 사원수는 전체 채용 인원의 절반 이하로 줄어들 것이다.
⑤ 2021년 대졸사원수는 2020년 채용된 대졸사원수보다 늘어날 것이다.

8 다음 자료는 2020년 영업부 사원 매출 현황 보고서다. 매출액이 가장 큰 사원은?

〈2020년 영업부 사원 매출 현황〉

(단위 : 천만 원)

이름	1사분기	2사분기	3사분기	4사분기	합계	평균
A	8,602	7,010	6,108	5,058	26,778	6,695
B	8,872	5,457	9,990	9,496	33,815	8,454
C	8,707	6,582	9,638	7,837	32,764	8,191
D	6,706	7,432	6,475	4,074	24,687	6,172
E	7,206	8,780	8,034	5,832	29,852	7,463
F	9,142	6,213	6,152	9,699	31,206	7,802
G	6,777	8,104	8,204	7,935	31,020	7,755
H	6,577	8,590	9,726	8,110	33,003	8,251
I	9,468	9,098	8,153	9,082	35,801	8,950
J	5,945	7,873	5,168	9,463	28,449	7,112

① A   ② C
③ G   ④ F
⑤ J

9 다음은 A 직원의 보수 지급 명세서이다. 이에 대한 설명으로 옳지 않은 것은?

〈보수 지급 명세서〉

(단위 : 원)

실수령액 : (   )

보수		공제	
보수항목	보수액	공제항목	공제액
봉급	2,530,000	소득세	160,000
중요직무급	150,000	지방소득세	16,000
시간외수당	510,000	일반기여금	284,000
정액급식비	130,000	건강보험료	103,000
직급보조비	250,000	장기요양보험료	7,000
보수총액	( )	공제총액	( )

※ 실수령액 = 보수총액 − 공제총액

① 봉급이 보수총액에서 차지하는 비중은 70% 이상이다.

② 일반기여금이 15% 증가하면 공제총액은 60만 원 이상이 된다.

③ 실수령액은 봉급의 1.3배 이상이다.

④ 건강보험료는 장기요양보험료의 15배 이하이다.

⑤ 공제총액에서 일반기여금이 차지하는 비중은 보수총액에서 직급보조비가 차지하는 비중의 6배 이상이다.

[10 ~ 12] 다음은 부서 내 사원들의 영어와 인사평가 점수, 그리고 가산점을 부여하는 정보처리기사 필기시험 점수를 나타낸 것이다. 이 자료를 보고 물음에 답하시오.

〈자료 1〉 인사 평가 점수 분포도

점수	100점	80점 이상~100점 미만	60점 이상~80점 미만	40점 이상~60점 미만	20점 이상~40점 미만	0점 이상~20점 미만	합계
인원수	(가)	14	15	(나)	3	5	51
상대 도수	0.078	0.275	0.294	0.196	0.059	0.098	1.000

〈자료 2〉 영어와 인사 평가 성적(5점 평가) 상관표

인사평가 \ 영어	1	2	3	4	5
1		3	1		
2	1		㉠	2	
3		2	9	㉡	3
4	4		5	4	2
5				3	2

〈자료 3〉 정보처리기사 필기 시험 점수 차이

구분	甲	乙	丙	丁	戊	己
점수 차	0	+2	-2	+10	-3	-1

10 (가)와 (나)에 들어갈 숫자는? (단, 상대도수, 즉 상대평가도수는 소수점 셋째자리까지 기입)

    (가)   (나)

① 2   12

② 4   10

③ 5   9

④ 6   8

⑤ 8   6

11 정보처리기사 필기시험점수가 68점인 甲을 기준으로 할 때, 甲을 포함한 乙, 丙, 丁, 戊, 己의 평균점은 몇 점인가?

① 65점

② 66점

③ 67점

④ 69점

⑤ 70점

12 영어 성적이 3인 구성원들의 인사 평가 성적 평균이 2.8이다. ㉠은 얼마인가? (단, 소수점 첫째 자리에서 반올림한다)

① 7명

② 8명

③ 9명

④ 10명

⑤ 11명

[13 ~ 14] 다음 국내 온실가스 배출현황을 나타낸 자료를 보고 물음에 답하시오.

〈국내온실가스 배출현황〉

(단위 : 백만 톤, CO_2 eq)

구분	2015	2016	2017	2018	2019	2020
에너지	473.9	494.4	508.8	515.1	568.9	597.9
산업공정	63.8	60.8	60.6	57.8	62.9	63.4
농업	21.8	21.8	21.8	22.1	22.1	22.0
폐기물	15.8	14.4	14.3	14.1	( )	14.4
LULUCF	−36.8	−40.1	−42.7	−43.6	−43.7	−43.0
순배출량	538.4	551.3	562.7	565.6	624.0	654.7
총배출량	575.8	591.4	605.5	609.1	667.6	697.7

13 2019년 폐기물로 인한 온실가스 배출량은? (단, 총배출량 = 에너지 + 산업공정 + 농업 + 폐기물)

① 14.0

② 14.1

③ 14.2

④ 14.3

⑤ 14.4

14 전년대비 총 배출량 증가율이 가장 높은 연도는 언제인가?

① 2016년

② 2017년

③ 2018년

④ 2019년

⑤ 2020년

15 다음은 박사학위 취득자 중 취업자의 고용형태별 직장유형 구성 비율에 관한 표이다. 다음 빈칸에 들어갈 숫자가 바르게 나열된 것은?

(단위 : %)

직장유형＼고용형태	전체	정규직	비정규직
대학	(㉠)	9.3	81.1
민간기업	24.9	64.3	1.2
공공연구소	10.3	(㉡)	11.3
민간연구소	3.3	6.4	1.5
정부 · 지자체	1.9	2.4	(㉢)
기타	5.4	9.1	3.2
계	100.0	100.0	100.0

    ㉠   ㉡   ㉢   ㉠   ㉡   ㉢

① 53.7 7.6 1.2   ② 54.2 8.5 1.7

③ 55.9 9.5 2.7   ④ 57.2 10.5 2.7

⑤ 59.4 7.5 1.7

16 다음은 甲국의 학력별 기업별 평균 임금을 비교한 것이다. 이에 대한 옳은 분석을 모두 고르면? (단, 고졸 평균 임금은 2018년보다 2020년이 많음)

구분	2018년	2020년
중졸/고졸	0.78	0.72
대졸/고졸	1.20	1.14
A기업/B기업	0.70	0.60

> ㉠ 2020년 중졸 평균 임금은 2018년에 비해 감소하였다.
> ㉡ 2020년 A기업 평균 임금은 2018년에 비해 10% 감소하였다.
> ㉢ 2020년 B기업의 평균 임금은 A기업 평균 임금의 두 배보다 적다.
> ㉣ 중졸과 대졸 간 평균 임금 차이는 2018년보다 2020년이 크다.

① ㉠㉡   ② ㉠㉢

③ ㉡㉢   ④ ㉡㉣

⑤ ㉢㉣

17 다음 중 보고서를 잘못 이해한 사람을 고르면?

〈자료1〉 甲전자의 A제품과 B제품 매출현황 비교

甲전자는 제조, 판매 및 수입 판매업 등을 영위할 목적으로 설립되어 현재까지 이르렀다. 최종소비자들에게 양질의 제품을 공급하고 있으며, A제품과 B제품 모두 꾸준히 판매하고 있으나 특히 10월달 매출이 많이 상승했다는 것을 확인할 수 있다.

〈자료2〉 甲전자 매출 증감 현황

구분	A제품	B제품
9월	25%	18%
10월	35%	40%
11월	37%	43%

㉠ : 3개월간 평균 매출 점유율을 보면 A제품이 더 높은데요?

㉡ : 9월만 보면 A제품 점유율이 더 높아요

㉢ : 전체적으로 B제품 보다 A제품 매출이 일정한 매출을 보이겠군요.

㉣ : 10월달 매출이 유독 높은듯해요.

① ㉠

② ㉡

③ ㉢

④ ㉠㉢

⑤ ㉡㉣

구분	전세금	요금(전기 + 수도)(원/월)	관리비(원/월)
A	40,000,000	450,000	200,000
B	30,000,000	450,000	300,000
C	18,000,000	600,000	200,000

18 계약 후 1년 동안 거주할 시 지불총액이 가장 적은 집은?

① A   ② B

③ C   ④ A, B

⑤ B, C

19 각 집주인들은 5년 계약 시 요금을 제외하겠다고 제안하였다. 5년 계약할 경우 지불총액이 가장 적게 드는 집은?

① A   ② B

③ C   ④ A, B

⑤ B, C

20 다음은 甲고등학교 A반과 B반의 시험성적에 관한 표이다. 이에 대한 설명으로 옳지 않은 것은?

분류	A반 평균		B반 평균	
	남학생(20명)	여학생(15명)	남학생(15명)	여학생(20명)
국어	6.0	6.5	6.0	6.0
영어	5.0	5.5	6.5	5.0

① 국어과목의 경우 A반 학생의 평균이 B반 학생의 평균보다 높다.

② 영어과목의 경우 A반 학생의 평균이 B반 학생의 평균보다 낮다.

③ 2과목 전체 평균의 경우 A반 여학생의 평균이 B반 남학생의 평균보다 높다.

④ 2과목 전체 평균의 경우 A반 남학생의 평균은 B반 여학생의 평균과 같다.

⑤ A, B반의 남학생의 영어 평균은 A, B반의 여학생 영어 평균보다 높다.

[1 ~ 3] 다음의 사실이 전부 참일 때 항상 참인 것을 고르시오.

1

- 경제가 어려워진다면 긴축정책이 시행된다.
- 물가가 오른다면 긴축정책을 시행하지 않는다.
- 경제가 어려워지거나 부동산이 폭락한다.
- 부동산이 폭락한 것은 아니다.

① 물가가 오른다.　　　　　　　　② 경제가 어렵지 않다.

③ 물가가 오르지 않는다.　　　　　④ 긴축정책을 하지 않는다.

⑤ 부동산은 폭락할 수 있다.

2

- A는 수영을 못하지만 B보다 달리기를 잘한다.
- B는 C보다 수영을 잘한다.
- D는 C보다 수영을 못하지만 A보다 달리기를 잘한다.

① C는 달리기를 못한다.　　　　　② A가 수영을 가장 못한다.

③ D는 B보다 달리기를 잘한다.　　④ 수영을 가장 잘하는 사람은 C이다.

⑤ D는 B보다 수영을 잘한다.

3

- A와 C는 B의 부모이다.
- E는 D의 남편이다.
- C는 D의 딸이다.

① B는 E의 손녀이다.　　　　　　② A는 D의 남편이다.

③ C는 외동딸이다.　　　　　　　④ B는 형제가 없다.

⑤ D는 B의 외할머니이다.

[4 ~ 5] 주어진 결론을 반드시 참으로 하는 전제를 고르시오.

4

전제1 : 갑은 하루에 5시간 공부하고, 을은 갑보다 1시간 덜 공부한다.
전제2 : _____
결 론 : 병은 하루에 7시간 공부한다.

① 병은 을보다 3시간 더 공부한다.

② 병은 갑보다 3시간 더 공부한다.

③ 병은 을보다 1시간 더 공부한다.

④ 병은 갑보다 1시간 더 공부한다.

⑤ 병은 갑과 같은 시간 동안 공부한다.

5

전제1 : 영희를 좋아하는 어떤 사람은 분홍색을 좋아한다.
전제2 : _____
결 론 : 낭만적이지 않은 어떤 사람은 분홍색을 좋아한다.

① 영희를 좋아하는 모든 사람은 낭만적이지 않다.

② 영희를 좋아하는 어떤 사람은 낭만적이지 않다.

③ 영희를 좋아하는 모든 사람은 분홍색을 좋아한다.

④ 영희를 좋아하는 어떤 사람은 분홍색을 좋아하지 않는다.

⑤ 영희를 좋아하는 어떤 사람은 낭만적이지 않고 분홍색을 좋아하지 않는다.

6 다음 〈조건〉을 읽고 반드시 참이 되는 것을 고른 것은?

〈조건〉
- A, B, C, D, E, F, G, H 8명이 롤러코스터를 타는데 롤러코스터는 총 8칸으로 되어 있다.
- 각 1칸에 1명이 탈 수 있다.
- D는 반드시 4번째 칸에 타야 한다.
- B와 C는 같이 붙어 타야 한다.
- D는 H보다 뒤에 E보다는 앞쪽에 타야 한다.

① F가 D보다 앞에 탄다면 B는 F와 D 사이에 타게 된다.

② G가 D보다 뒤에 탄다면 B와 C는 D보다 앞에 타게 된다.

③ H가 두 번째 칸에 탄다면 C는 D보다 뒤에 타게 된다.

④ B가 D의 바로 뒤 칸에 탄다면 E는 맨 마지막 칸에 타게 된다.

⑤ C가 두 번째 칸에 탄다면 H는 첫 번째 칸에 탄다.

7 A는 곰, 사자, 학, 기린, 오리, 호랑이가 있는 동물원에 가서 동물을 구경하려고 한다. 다음과 같은 〈조건〉을 만족시키도록 한다면, A가 구경할 수 있는 동물의 조합은?

〈조건〉
- 기린을 구경하면 총 4종류의 동물을 구경할 수 있다.
- 호랑이를 구경할 경우에만 사자를 구경할 수 있다.
- 오리를 구경하면 기린을 구경할 수 없다.
- 학을 구경하면 사자를 반드시 구경한다.
- 호랑이를 구경하면 오리를 구경할 수 없다.

① 곰, 사자, 기린, 호랑이

② 곰, 학, 기린, 오리

③ 곰, 사자, 학

④ 사자, 호랑이, 오리

⑤ 학, 오리, 호랑이

8 다음 진술의 관계를 바르게 설명한 것은?

> • A : 리코더를 잘 부는 플루티스트가 있다.
> • B : 모든 플루티스트가 리코더를 잘 분다.
> • C : 리코더를 잘 못 부는 플루티스트가 있다.

① A가 참이면 B는 반드시 참이다.
② A가 참이면 C는 거짓이다.
③ C가 참이면 B는 반드시 거짓이다.
④ B가 참이면 A와 C는 반드시 거짓이다.
⑤ A가 참이면 B는 반드시 거짓이다.

9 대통령이 해외 순방을 하려고 하는데 다음의 〈규칙〉에 따라 한다고 할 때, 네 번째로 방문하는 나라는 어디인가?

> 〈규칙〉
> • 이번 해외순방 동안 총 6개 나라를 방문한다.
> • 가장 먼저 방문하는 나라는 아프리카에 있다.
> • 같은 대륙에 속하는 나라는 연달아 방문한다.
> • 미국은 중국보다 먼저 방문한다.
> • 이번 순방 중에 프랑스와 영국을 방문한다.
> • 일본은 세 번째로 방문한다.

① 미국
② 중국
③ 일본
④ 영국
⑤ 프랑스

10 다음 진술은 A시(市)에서 성립한다. 甲이 A시에 살고 있는 왼손잡이라고 가정할 때, 반드시 참인 것은?

〈진술〉

㉠ A시에는 남구와 북구 두 개의 구가 있다.
㉡ 빌라에 사는 사람들은 모두 오른손잡이다.
㉢ 남구에서 빌라에 사는 사람들은 모두 의심이 많다.
㉣ 남구에서 빌라에 살지 않는 사람들은 모두 가난하다.
㉤ 북구에서 빌라에 살지 않는 사람들은 의심이 많지 않다.

① 甲은 가난하지 않다.
② 甲은 의심이 많은 사람이 아니다.
③ 만일 甲이 북구에 산다면, 甲은 의심이 많다.
④ 만일 甲이 남구에 산다면 甲은 의심이 많다.
⑤ 만일 甲이 가난하지 않다면, 甲은 의심이 많지 않다.

11 다음 〈내용〉이 참일 때 〈보기〉의 내용을 바르게 설명한 것은?

〈내용〉

㉠ A, B, C, D는 커피, 홍차, 코코아, 우유 중 하나씩 마셨다.
㉡ A는 커피와 홍차를 마시지 않았다.
㉢ C는 커피를 마셨다.
㉣ B는 홍차와 우유를 마시지 않았다

〈보기〉

A : D는 코코아를 마시지 않았다.
B : 우유를 마신 사람은 A이다.

① A만 참이다.
② B만 참이다.
③ A, B 모두 참이다.
④ A, B 모두 거짓이다.
⑤ A, B 모두 알 수 없다.

12 생일파티를 하던 A, B, C가 케이크를 먹었는지에 대한 여부를 다음과 같이 이야기하였는데 이 세 명은 진실과 거짓을 한 가지씩 이야기 하였다. 다음 중 옳은 것은?

> • A : 나는 케이크를 먹었고, B는 케이크를 먹지 않았다.
> • B : 나는 케이크를 먹지 않았고, C도 케이크를 먹지 않았다.
> • C : 나는 케이크를 먹지 않았고, B도 케이크를 먹지 않았다.

① A가 케이크를 먹었다면 C도 케이크를 먹었다.

② B가 케이크를 먹었다면 A는 케이크를 먹지 않았다.

③ A가 케이크를 먹지 않았다면 C는 케이크를 먹었다.

④ C가 케이크를 먹었다면 A도 케이크를 먹었다.

⑤ C가 케이크를 먹지 않았다면 B도 케이크를 먹지 않았다.

13 다음 추론에서 결론을 도출하기 위해 보충해야 할 전제로 적절한 것은?

> K가 엔지니어가 아니라면 그는 연구원이다. 그런데 모든 연구원은 붉은색 넥타이를 착용한다. 그러나 K는 푸른색 넥타이를 착용한다. 만일 K가 엔지니어라면, 그는 인도인이거나 영국인이다. 그런데 어느 영국인도 한국 생활을 경험해 본 적이 없다면, 김치를 먹을 줄 모른다. 그리고 한국 생활을 경험한 엔지니어들은 모두 붉은색 넥타이를 착용한다. 따라서 K는 인도인 엔지니어이다.

① K는 김치를 먹을 줄 안다.

② K는 한국 생활을 경험하지 않았다.

③ 어떤 연구원은 엔지니어가 될 수 있다.

④ 인도인의 일부는 김치를 먹을 줄 안다.

⑤ 김치를 먹을 수 있는 사람은 영국인이 아니거나 한국 생활을 경험했다.

14 다음 내용을 근거로 판단할 때 비긴 볼링 게임의 수는 모두 몇 번인가?

〈내용〉

다섯 명의 선수(A ~ E)가 볼링 게임 대회에 참가했다. 각 선수는 대회에 참가한 다른 모든 선수들과 1 : 1로 한 번씩 볼링 게임을 했다. 각 게임의 승자는 점수 2점을 받고, 비긴 선수는 점수 1점을 받고, 패자는 점수를 받지 못한다. 이 볼링 게임 대회에서 각 선수가 얻은 점수의 총합이 큰 순으로 매긴 순위는 A, B, C, D, E 순이고 동점은 존재하지 않는다.

〈보기〉

• B : 난 한 게임도 안 진 유일한 사람이야.
• E : 난 한 게임도 못 이긴 유일한 사람이야.

① 2번   ② 3번

③ 4번   ④ 5번

⑤ 6번

[15 ~ 16] 다음의 관계를 유추하여 (   ) 안에 들어갈 단어로 적절한 것을 고르시오.

15

소설 : 문학 = 장롱 : (   )

① 가구   ② 나무

③ 숯   ④ 곡식

⑤ 이사

16

기정 : 미정 = (   ) : 급증

① 증익   ② 격감

③ 미결   ④ 단안

⑤ 낙착

[17 ～ 19] 다음 제시된 도형을 보고 "?"에 들어갈 도형으로 알맞은 것을 고르시오.

17

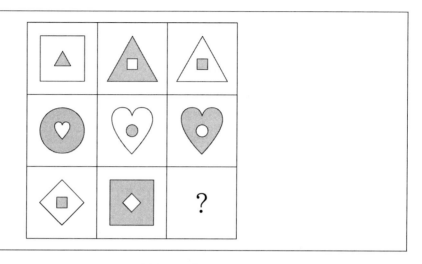

①

②

③

④

⑤

18

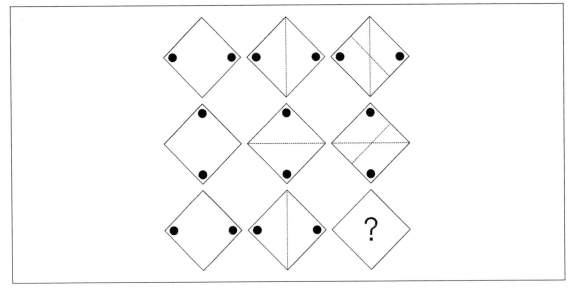

①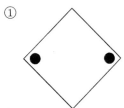

②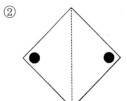

③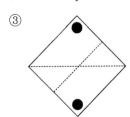

④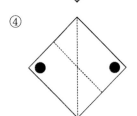

⑤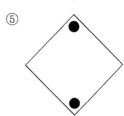

19

①
②
③
④
⑤

[20 ~ 23] 다음의 기호가 문자 배열을 바꾸는 규칙을 나타낸다고 할 때, "?"로 옳은 것을 고르시오.

```
              EXID                 FOUR
               ↓                    ↓
VIXX   →       ♡      →     △    →    WAKB
               ↓                    ↓
FIVE   →       ○      →     ♡    →    IKZI
               ↓                    ↓
              HZMH                 GWRV
```

20

NINE → ♡ → △ → ?

① AOXM ② OKQI
③ NKSU ④ SIDK
⑤ OQKI

21

STON → ○ → △ → ?

① TPTN ② TTPY
③ TOPY ④ TPNT
⑤ TTPN

22

ㄹㅎㅈㄱ → △ → ♡ → ?

① ㅊㄴㅇㅍ ② ㅋㅇㄷㄹ
③ ㅁㅋㄷㅁ ④ ㅋㅍㄴㅈ
⑤ ㅇㄹㅎㅁ

23

ㅏㅕㅛ → ○ → ♡ → ?

① ㅗㅓㅛㅕ ② ㅗㅜㅣㅜ
③ ㅘㅏㅜㅓ ④ ㅕㅗㅛㅡ
⑤ ㅣㅕㅏㅡ

24 다음의 주장을 비판하기 위한 근거로 적절하지 않은 것은?

> 영어는 이미 실질적인 인류의 표준 언어가 되었다. 따라서 세계화를 외치는 우리가 지구촌의 한 구성원이 되기 위해서는 영어를 자유자재로 구사할 수 있어야 한다. 더구나 경제 분야의 경우 국가 간의 경쟁이 치열해지고 있는 현재의 상황에서 영어를 모르면 그만큼 국가가 입는 손해도 막대하다. 현재 우리나라가 영어 교육을 강조하는 것은 모두 이러한 이유 때문이다. 따라서 우리가 세계 시민의 일원으로 그 역할을 다하고 우리의 국가 경쟁력을 높여가기 위해서는 영어를 국어와 함께 우리 민족의 공용어로 삼는 것이 바람직하다.

① 한 나라의 국어에는 그 민족의 생활 감정과 민족정신이 담겨 있다.

② 외국식 영어 교육보다 우리 실정에 맞는 영어 교육 제도를 창안해야 한다.

③ 민족 구성원의 통합과 단합을 위해서는 단일한 언어를 사용하는 것이 바람직하다.

④ 세계화는 각 민족의 문화적 전통을 존중하는 문화 상대주의적 입장을 바탕으로 해야 한다.

⑤ 경제인 및 각 분야의 전문가들만 영어를 능통하게 구사해도 국가 간의 경쟁에서 앞서 갈 수 있다.

[25 ~ 26] 다음이 제시하는 글의 중심 내용으로 적절한 것은?

25

> 정보사회라고 하는 오늘날, 우리는 실제적 필요와 지식 정보의 획득을 위해 독서하는 경우가 많다. 일정한 목적의식이나 문제의식을 안고 달려드는 독서일수록 사실 능률적이라고 할 수 있다. 르네상스적인 만능의 인물이었던 괴테는 그림에 열중하기도 했다. 그는 그림의 대상이 되는 집이나 새를 더 관찰하기 위해서 그리는 것이라고, 의아해 하는 주위 사람에게 대답했다고 전해진다. 그림을 그리겠다는 목적의식을 가지고 집이나 꽃을 관찰하면 분명하고 세밀하게 그 대상이 떠오를 것이다. 마찬가지로 일정한 주제의식이나 문제의식을 가지고 독서를 할 때 보다 창조적이고 주체적인 독서서 행위가 성립될 것이다.
>
> 오늘날 기술 정보 사회의 시민이 취득해야할 상식과 정보는 무량하게 많다. 간단한 읽기, 쓰기와 셈하기 능력만 갖추고 있으면 얼마 전까지만 하더라도 문맹상태를 벗어날 수 있었다. 오늘날 사정은 이미 동일하지 않다. 운전이나 컴퓨터 조작이 바야흐로 새 시대의 문맹 탈피 조건으로 부상하고 있다. 현대인 앞에는 그만큼 구비해야 할 기본적 조건과 자질이 수없이 기다리고 있다.
>
> 사회가 복잡해짐에 따라 신경과 시간을 바쳐야 할 세목도 증가하기 마련이다. 그러나 어느 시인이 이야기한대로 인간 정신이 마련해 낸 가장 위대한 세계는 언어로 된 책의 마법 세계이다. 그 세계 속에서 현명한 주민이 되기 위해서는 무엇보다도 자기 삶의 방향에 맞게 시간을 잘 활용해야 할 것이다.

① 정보량의 증가에 비례한 서적 증가
② 시대에 따라 변화하는 문명의 조건
③ 목적의식을 가진 독서의 필요성
④ 삶의 방향에 따른 시간활용 방법
⑤ 정보 사회에서 르네상스의 시대적 의미

26

경제의 구조적 위기는 자본주의 주요 나라들에서 시작되어 다른 나라로 퍼져 나갑니다. 세계 경제가 더 긴밀하게 통합될수록 이런 경향은 일반화됩니다. 구조적 위기가 모든 나라에서 동시에 일어나지 않는 것은 각 나라들의 자본주의 발전 정도가 균등하지 않기 때문입니다. 따라서 겉으로 보기에 어떤 나라는 불황이고, 어떤 나라는 호황인 경우가 생기기도 하지만, 이런 현상을 불황인 나라는 국민들이 게으르고 호황인 나라의 국민들은 근면하다는 식으로 해석해서는 안 됩니다. 이들 나라는 모두가 세계 경제 안의 일부로서 존재합니다. 60년대와 같은 장기 호황 국면에서, 세계 체제 안에 긴밀히 결합되어 있는 모든 나라들은 전반적으로 호황의 양상을 보입니다. 때로 불황에 빠져 있는 국가가 있긴 하지만, 이들 나라의 위기가 오래 지속되는 경우는 별로 없습니다. 전 세계 호황의 영향을 받아서 불황 극복이 어렵지 않기 때문입니다. 마찬가지로 세계 경제가 장기 불황에 빠지면 이로부터 자유로울 수 있는 나라는 거의 없게 됩니다. 불황이 점차 확산되어 모든 나라가 크고 작은 경제 위기에 빠진다는 이야기죠.

① 호황과 불황
② 경제 위기의 원인
③ 경제 발전과 국민성
④ 유기체적인 세계 경제
⑤ 균등한 경제 발전의 길

27 다음 글에 나타난 아리스토텔레스의 견해에 대한 이해로 가장 적절한 사람은?

자연에서 발생하는 모든 일은 목적 지향적인가? 자기 몸통보다 더 큰 나뭇가지나 잎사귀를 허둥대며 운반하는 개미들은 분명히 목적을 가진 듯이 보인다. 그런데 가을에 지는 낙엽이나 한밤중에 쏟아지는 우박도 목적을 가질까? 아리스토텔레스는 모든 자연물이 목적을 추구하는 본성을 타고나며, 외적 원인이 아니라 내재적 본성에 따른 운동을 한다는 목적론을 제시한다. 그는 자연물이 단순히 목적을 갖는 데 그치는 것이 아니라 목적을 실현할 능력도 타고나며, 그 목적은 방해받지 않는 한 반드시 실현될 것이고, 그 본성적 목적의 실현은 운동 주체에 항상 바람직한 결과를 가져온다고 믿는다. 아리스토텔레스는 이러한 자신의 견해를 "자연은 헛된 일을 하지 않는다!"라는 말로 요약한다.

근대에 접어들어 모든 사물이 생명력을 갖지 않는 일종의 기계라는 견해가 강조되면서, 아리스토텔레스의 목적론은 비과학적이라는 이유로 많은 비판에 직면한다. 갈릴레이는 목적론적 설명이 과학적 설명으로 사용될 수 없다고 주장하며, 베이컨은 목적에 대한 탐구가 과학에 무익하다고 평가하고, 스피노자는 목적론이 자연에 대한 이해를 왜곡한다고 비판한다. 이들의 비판은 목적론이 인간 이외의 자연물도 이성을 갖는 것으로 의인화한다는 것이다. 그러나 이런 비판과는 달리 아리스토텔레스는 자연물을 생물과 무생물로, 생물을 식물·동물·인간으로 나누고, 인간만이 이성을 지닌다고 생각했다.

일부 현대 학자들은, 근대 사상가들이 당시 과학에 기초한 기계론적 모형이 더 설득력을 갖는다는 일종의 교조적 믿음에 의존했을 뿐, 아리스토텔레스의 목적론을 거부할 충분한 근거를 제시하지 못했다고 비판한다. 이런 맥락에서 볼로틴은 근대 과학이 자연에 목적이 없음을 보이지도 못했고 그렇게 하려는 시도조차 하지 않았다고 지적한다. 또한 우드필드는 목적론적 설명이 과학적 설명은 아니지만, 목적론의 옳고 그름을 확인할 수 없기 때문에 목적론이 거짓이라 할 수도 없다고 지적한다.

17세기의 과학은 실험을 통해 과학적 설명의 참·거짓을 확인할 것을 요구했고, 그런 경향은 생명체를 비롯한 세상의 모든 것이 물질로만 구성된다는 물질론으로 이어졌으며, 물질론 가운데 일부는 모든 생물학적 과정이 물리·화학 법칙으로 설명된다는 환원론으로 이어졌다. 이런 환원론은 살아 있는 생명체가 죽은 물질과 다르지 않음을 함축한다. 하지만 아리스토텔레스는 자연물의 물질적 구성 요소를 알면 그것의 본성을 모두 설명할 수 있다는 엠페도클레스의 견해를 반박했다. 이 반박은 자연물이 단순히 물질로만 이루어진 것이 아니며, 또한 그것의 본성이 단순히 물리·화학적으로 환원되지도 않는다는 주장을 내포한다.

첨단 과학의 발전에도 불구하고 생명체의 존재 원리와 이유를 정확히 규명하는 과제는 아직 진행 중이다. 자연물의 구성 요소에 대한 아리스토텔레스의 탐구는 자연물이 존재하고 운동하는 원리와 이유를 밝히려는 것이었고, 그의 목적론은 지금까지 이어지는 그러한 탐구의 출발점이라 할 수 있다.

甲 : 자연물의 본성적 운동은 외적 원인에 의해 야기되기도 한다.
乙 : 낙엽의 운동은 본성적 목적 개념으로는 설명되지 않는다.
丙 : 자연물의 목적 실현은 때로는 그 자연물에 해가 된다.
丁 : 본성적 운동의 주체는 본성을 실현할 능력을 갖고 있다.
戊 : 개미의 본성적 운동은 이성에 의한 것으로 설명된다.

① 甲   ② 乙
③ 丙   ④ 丁
⑤ 戊

28 제시하는 글에서 추론할 수 없는 것은?

훑체복사(Blackbody Radiation)는 모든 전자기파를 반사 없이 흡수하는 성질을 갖는 이상적인 물체인 훑체에서 방출하는 전자기파 복사를 말한다. 20°c의 상온에서 훑체가 검게 보이는 이유는 가시영역을 포함한 모든 전자기파를 반사 없이 흡수하고 또한 가시영역의 전자기파를 방출하지 않기 때문이다. 하지만 훑체가 가열되면 방출하는 전자기파의 특성이 변한다. 가열된 훑체가 방출하는 다양한 파장의 전자기파에는 가시영역의 전자기파도 있기 때문에 훑체는 온도에 따라 다양한 색을 띨 수 있다. 훑체를 관찰하기 위해 물리학자들은 일정한 온도가 유지 되고 완벽하게 밀봉된 공동(空洞)에 작은 구멍을 뚫어 훑체를 실현했다. 공동이 상온일 경우 공동의 내벽은 전자기파를 방출하는데, 이 전자기파는 공동의 내벽에 부딪혀 일부는 반사되고 일부는 흡수된다. 공동의 내벽에서는 이렇게 전자기파의 방출, 반사, 흡수가 끊임없이 일어나고 그 일부는 공동 구멍으로 방출되지만 가시영역의 전자기파가 없기 때문에 공동 구멍은 검게 보인다. 또 공동이 상온일 경우 이 공동 구멍으로 들어가는 전자기파는 공동 안에서 이리 저리 반사되다 결국 흡수되어 다시 구멍으로 나오지 않는다. 즉 공동 구멍의 특성은 모든 전자기파를 흡수하는 훑체의 특성과 같다. 한편 공동이 충분히 가열되면 공동 구멍으로부터 가시영역의 전자기파도 방출되어 공동 구멍은 색을 띨 수 있다. 이렇게 공동 구멍에서 방출되는 전자기파의 특성은 같은 온도에서 이상적인 훑체가 방출하는 전자기파의 특성과 일치한다. 물리학자들은 어떤 주어진 온도에서 공동 구멍으로부터 방출되는 공동 복사의 전자기파 파장별 복사에너지를 정밀하게 측정하여, 전자기파의 파장이 커짐에 따라 복사에너지 방출량이 커지다가 다시 줄어드는 경향을 보인다는 것을 발견하였다.

① 훑체의 온도를 높이면 훑체가 검지 않게 보일 수도 있다.

② 공동의 온도가 올라감에 따라 복사에너지 방출량은 커지다가 줄어든다.

③ 공동을 가열하면 공동 구멍에서 다양한 파장의 전자기파가 방출된다.

④ 훑체가 전자기파를 방출할 때 파장에 따라 복사에너지 방출량이 달라진다.

⑤ 상온으로 유지되는 공동 구멍이 검게 보인다고 공동 내벽에서 방출되는 전자기파가 없는 것은 아니다.

이동이 자본의 중요한 특징이 된 지금 노마디즘에서 특히 중요한 것은 '유목'과 '이동'을 혼동하지 않는 것이다. 정착민도 이동을 하며, 유목민도 멈춘다. 차이는 정착민의 이동이 어떤 목적지(멈춤)에 종속되어 있다면, 유목민에게 멈춤이란 이동의 궤적 안에서 잠시 머무는 것이란 점에서 이동에 종속되어 있다는 것이다. 그렇기에 우리는 휴대폰, 노트북 컴퓨터 등을 갖고 "세계는 넓고 갈 곳은 많다"고 자동차로 비행기로 돌아다니지만, 마음은 언제나 돈이나 자기 가족에 매여 있는 자를 유목민이라고 하지 않는다. 반면 여행도 잘 다니지 않지만, 멈추지 않는 사유로 자신이 구축한 영토마저 떠나는 사상가는 유목민이란 정의에 정확하게 부합한다.

더구나 들뢰즈 · 가타리는 '이주민'과 '유목민' 또한 구별한다. 이주민이란 어느 영토에 이주하여 그 영토를 이용하며 살지만 그 영토가 불모가 되면 버리고 떠나는 자들이다. 반면 유목민은 불모가 된 땅(초원이나 사막, 혹은 사회주의 붕괴 이후의 마르크스주의 같은……)을 떠나지 않고 오히려 거기서 살아가는 법을 창안하는 자들이다. 그래서 나는 정착민이란 성공에 안주하는 자라면 유목민은 성공을 버릴 줄 아는 자고, 이주민이란 실패를 쉽게 떠나는 자라면 유목민이란 실패와 대결하며 새로이 길을 찾아내는 자들이라고 이해한다.

29 제시문의 제목으로 가장 적절한 것은?

① 노마디즘의 본질

② 들뢰즈 · 가타리의 철학

③ 유목민의 역사적 연원

④ 유목민과 정착민의 차이

⑤ 사람들의 다양한 삶의 방식

30 제시문에서 말하는 '유목민'의 특성으로 가장 적절한 것은?

① 보통사람보다 훨씬 많은 곳을 여행한다.

② 현실에 적응하여 인정받는 능력이 탁월하다.

③ 기성의 가치에 안주하지 않고 새 길을 추구한다.

④ 성공 지향적이어서 어떤 실패도 인정하지 않는다.

⑤ 자신이 이루어낸 것에 대한 자부심이 매우 강하다.

chapter 03

제3회 실전모의고사

정답 수	수리논리	/ 20문항	풀이 시간	수리논리	/ 30분
	추리	/ 30문항		추리	/ 30분

1 수리논리

1 甲은 회사에서 따릉이를 타고 시속 14km로 달려 30분 만에 은행에 도착하였다. 돌아오는 길은 걸어서 1시간이 걸렸다고 할 때, 은행과의 거리는 몇 km인가?

① 6

② 7

③ 8

④ 8.5

⑤ 9

2 농도 20%인 소금물 50g이 들어있는 비커에 농도 x%인 소금물 25g을 넣고 물 25g을 더 넣었더니, 농도 25%인 소금물이 되었다. x는 얼마인가?

① 30

② 40

③ 50

④ 60

⑤ 70

3 다음은 소득 분위별 월평균 교육비에 대한 자료이다. 이에 대한 분석으로 옳은 것은?

⟨소득 분위별 월평균 교육비⟩

(단위 : 원, %)

구분	2016년	2017년	2018년	2019년	2020년
1분위	76,000(7.8)	79,000(7.8)	89,000(8.2)	85,000(7.9)	86,000(7.4)
5분위	382,000(12.9)	404,000(12.6)	468,000(14.1)	535,000(15.8)	643,000(16.3)

※ 1) 1분위는 소득 하위 20% 계층, 5분위는 소득 상위 20% 계층임.
  2) ( )는 각 소득 계층의 월평균 소비 지출액에서 교육비가 차지하는 비중임.

① 2019년 월평균 교육비는 5분위가 1분위의 두 배 수준이다.

② 2016년 대비 2017년 1분위의 월평균 소비 지출액이 증가하였다.

③ 1분위와 5분위의 월평균 교육비 격차는 2019년보다 2018년이 크다.

④ 2016년 대비 2020년 월평균 교육비 증가율은 5분위보다 1분위가 크다.

⑤ 2019년 대비 2020년 1분위의 월평균 소비 지출액 증가율보다 교육비 증가율이 크다.

4 다음은 甲국에서 실시한 취약 계층의 스마트폰 이용 현황과 주된 비(非)이용 이유에 대한 설문 조사 결과이다. 이에 대한 옳은 분석만을 바르게 짝지은 것은?

〈설문 조사 결과〉

(단위 : %)

구분	전체 국민 대비 수준	스마트폰을 이용하지 않는 주된 이유				
		스마트폰으로 무엇을 할 수 있는지 모름	구입비 및 이용비 부담	이용 필요성 부재	사용 방법의 어려움	기타
장애인	10.3	33.1	31.5	14.4	13.4	7.6
장노년층	6.4	40.1	26.3	16.5	12.4	4.7
저소득층	12.2	28.7	47.6	11.0	9.3	3.4
농어민	6.4	39.6	26.3	14.7	13.9	5.5

※ 전체 국민 대비 수준 = $\dfrac{\text{취약 계층의 스마트폰 이용률(\%)}}{\text{전체 국민의 스마트폰 이용률(\%)}} \times 100$

ㄱ 응답자 중 장노년층과 농어민의 스마트폰 이용자 수는 동일하다.
ㄴ 응답자 중 각 취약 계층별 스마트폰 이용률이 상대적으로 가장 높은 취약 계층은 저소득층이다.
ㄷ 전체 취약 계층의 스마트폰 이용 활성화를 위한 대책으로는 경제적 지원이 가장 효과적일 것이다.
ㄹ 스마트폰을 이용하지 않는다고 응답한 장노년층 중 스마트폰으로 무엇을 할 수 있는지 모르거나 사용 방법이 어려워서 이용하지 않는다고 응답한 사람의 합은 과반수이다.

① ㄱㄴ
② ㄱㄷ
③ ㄴㄷ
④ ㄴㄹ
⑤ ㄷㄹ

5 다음은 A제품을 생산·판매하는 甲전자의 1 ~ 3주차 A제품 주문량 및 B부품 구매량에 관한 자료이다. 주어진 〈조건〉에 근거하여 매주 토요일 판매완료 후 남게 되는 A제품의 재고량을 주차별로 바르게 나열한 것은?

〈A제품 주문량 및 B부품 구매량〉

(단위 : 개)

구분 　　　　　　　　주	1주차	2주차	3주차
A제품 주문량	0	200	450
B제품 구매량	500	900	1,100

※ 1) 1주차 시작 전 A제품과 B제품의 재고는 없음
　 2) 한 주의 시작은 월요일임

〈조건〉
- A제품은 매주 월요일부터 금요일까지 생산하고, A제품 1개 생산 시 B부품만 2개가 사용된다.
- B부품은 매주 일요일에 일괄구매하고, 그 다음주 A제품 생산에 남김없이 모두 사용된다.
- 생산된 A제품은 매주 토요일에 해당 주차 주문량만큼 즉시 판매되고, 남은 A제품은 이후 판매하기 위한 재고로 보유한다.

	1주차	2주차	3주차
①	0	50	0
②	0	50	50
③	50	50	50
④	250	0	0
⑤	250	50	50

6 다음은 A국의 2007 ~ 2020년 알코올 관련 질환 사망자 수에 대한 자료이다. 이에 대한 설명으로 옳은 것은?

〈2007 ~ 2020년 알코올 관련 질환 사망자 수〉

(단위 : 명)

구분 연도	50대		40대		전체	
	사망자 수	인구 10만 명당 사망자 수	사망자 수	인구 10만 명당 사망자 수	사망자 수	인구 10만 명당 사망자 수
2007	2,542	10.7	156	0.7	2,698	5.9
2008	2,870	11.9	199	0.8	3,069	6.3
2009	3,807	15.8	299	1.2	4,106	8.4
2010	4,400	18.2	340	1.4	4,740	9.8
2011	4,674	19.2	374	1.5	5,048	10.2
2012	4,289	17.6	387	1.6	4,676	9.6
2013	4,107	16.8	383	1.6	4,490	9.3
2014	4,305	17.5	396	1.6	4,701	9.5
2015	4,243	17.1	400	1.6	4,643	9.3
2016	4,010	16.1	420	1.7	4,430	8.9
2017	4,111	16.5	424	1.7	( )	9.1
2018	3,996	15.9	497	2.0	4,493	9.0
2019	4,075	16.2	474	1.9	( )	9.1
2020	3,955	15.6	521	2.1	4,476	8.9

※ 인구 10만 명당 사망자 수는 소수점 아래 둘째 자리에서 반올림한 값이다.

① 2017년과 2019년의 전체 사망자 수는 같다.

② 40대 사망자 수는 매년 증가한다.

③ 매년 50대 인구 10만 명당 사망자 수는 40대 인구 10만 명당 사망자 수의 8배 이상이다.

④ 50대 인구 10만 명당 사망자 수가 가장 많은 해의 전년대비 50대 사망자 수 증가율은 5% 이상이다.

⑤ 전체 사망자 수의 전년대비 증가율은 2008년이 2010년보다 높다.

7 다음은 'A'국의 4대 범죄 발생건수 및 검거건수에 대한 자료이다. 이에 대한 설명으로 옳지 않은 것은?

〈자료 1〉 2016 ~ 2020년 4대 범죄 발생건수 및 검거건수

(단위 : 건, 천 명)

연도 \ 구분	발생건수	검거건수	총인구	인구 10만 명당 발생건수
2016	15,693	14,492	49,194	31.9
2017	18,258	16,125	49,346	( )
2018	19,498	16,404	49,740	39.2
2019	19,670	16,630	50,051	39.3
2020	22,310	19,774	50,248	44.4

〈자료 2〉 2020년 4대 범죄 유형별 발생건수 및 검거건수

(단위 : 건)

범죄 유형 \ 구분	발생건수	검거건수
강도	5,753	5,481
살인	132	122
절도	14,778	12,525
방화	1,647	1,646
합계	22,310	19,774

① 인구 10만 명당 4대 범죄 발생건수는 매년 증가한다.

② 2017년 이후, 전년대비 4대 범죄 발생건수 증가율이 가장 낮은 연도와 전년대비 4대 범죄 검거건수 증가율이 가장 낮은 연도는 동일하다.

③ 2020년 발생건수 대비 검거건수 비율이 가장 낮은 범죄 유형의 발생건수는 해당 연도 4대 범죄 발생건수의 60% 이상이다.

④ 4대 범죄 발생건수 대비 검거건수 비율은 매년 80% 이상이다.

⑤ 2020년 강도와 살인 발생건수의 합이 4대 범죄 발생건수에서 차지하는 비율은 2020년 강도와 살인 검거건수의 합이 4대 범죄 검거건수에서 차지하는 비율보다 높다.

[8 ~ 10] 다음 시간대별 자전거 교통사고 현황에 관한 자료를 보고 물음에 답하시오.

〈시간대별 자전거 교통사고 현황〉

(단위 : 건, %, 명)

구분 시간대	발생건수	구성비	사망자 수	구성비	부상자 수	구성비
00시~02시	1,290	2.1	21	1.4	1,345	2.1
02시~04시	604	1.0	20	1.4	624	1.0
04시~06시	1,415	2.3	91	6.1	1,394	2.2
06시~08시	4,872	7.8	134	9.1	4,866	7.7
08시~10시	7,450	12.0	176	11.9	7,483	11.8
10시~12시	5,626	9.1	161	10.9	5,706	(ⓒ)
12시~14시	5,727	9.2	151	10.2	5,803	9.2
14시~16시	7,406	11.9	170	11.5	7,527	11.9
16시~18시	9,220	14.8	174	11.8	9,488	15.0
18시~20시	9,026	14.5	203	13.7	9,240	14.6
20시~22시	5,956	9.6	120	8.1	6,157	9.7
22시~24시	3,544	(⑤)	59	4.0	3,681	5.8
총계	62,136	100.0	1,480	100.0	63,314	100.0

※ 치사율 = $\dfrac{\text{사망자 수}}{\text{발생건수}}$

8 위 자료에 대한 설명으로 옳지 않은 것은?

① 자전거 교통사고 발생이 가장 많은 시간대는 16시 ~ 18시이다.

② 자전거 교통사고 발생이 가장 적은 시간대가 부상자 수도 가장 적다.

③ 02시 ~ 04시의 치사율은 00시 ~ 02시의 치사율보다 크다.

④ 부상자 수가 가장 많은 시간대는 16시 ~ 18시, 18시 ~ 20시, 20시 ~ 22시 순이다.

⑤ 사망자 수가 가장 많은 시간대는 18시 ~ 20시이다.

9 위 자료에서 ㉠과 ㉡에 알맞은 수치는?

	㉠	㉡			㉠	㉡
①	5.0	9.0		②	5.0	9.7
③	5.7	9.0		④	5.7	9.7
⑤	5.8	9.8				

10 위 자료에서 12 ~ 14시의 치사율은 얼마인가?

① 0.020

② 0.026

③ 0.030

④ 0.036

⑤ 0.037

[11 ~ 13] 다음 자료를 읽고 물음에 답하시오.

○○물산에서는 대학생들을 대상으로 ○○물산을 소개하는 설명회를 개최하려고 한다. 담당자 甲은 장소를 대관하고 대학생들에게 돌릴 홍보책자를 주문하려고 한다.

- 대관 장소는 대학생들과 ○○물산 담당자 甲을 포함한 세 명을 더하여 총 10%의 여유인원을 수용할 수 있어야 한다.
- 홍보책자는 설명회에 참관하는 대학생 모두에게 나눠줄 공통책자와 계열에 따른 책자 3종(인문. 사회, 공학계열)이다.
- 공통책자는 설명회에 참여하는 대학생 인원 수 5%의 여유분을 포함하며 계열에 따른 책자는 15권씩 더 제작한다.

인문계열	사회계열	공학계열
193명	174명	230명

11 설명회를 개최할 수 있는 대관 장소로 가장 적절한 곳은?

① 평화홀 − 580명 ② 무지개홀 − 600명

③ 바람홀 − 620명 ④ 민들레홀 − 640명

⑤ 은하수홀 − 660명

12 담당자 甲이 제작해야 하는 홍보책자는 모두 몇 권인가?

① 642권 ② 896권

③ 931권 ④ 1,137권

⑤ 1,269권

13 담당자 甲가 공통책자와 공학계열 책자 인쇄를 의뢰할 때 업체에 지불해야 하는 금액은 얼마인가? (단, 모든 홍보책자는 권당 70페이지다)

- 20페이지 이내 : 페이지당 50원
- 60페이지 이내 : 페이지당 20원
- 60페이지 이상 : 페이지당 10원

① 610,400원 ② 635,100원

③ 798,126원 ④ 7999,344원

⑤ 1,220,800원

14 다음 그림은 A국가의 국가 채무와 GDP에 관련된 자료이다. 다음 중 옳지 않은 것은?

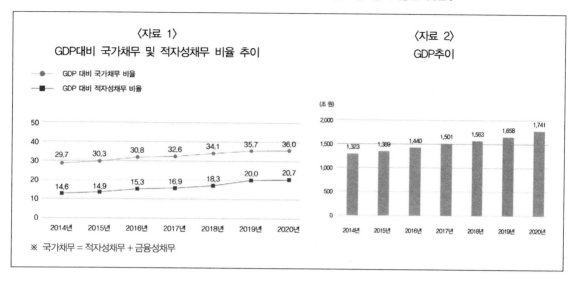

① 2020년의 국가채무는 2014년에 비해 1.5배 이상 높아졌다.

② GDP 대비해서 금융성채무 비율의 시간이 지날수록 상승률이 높다.

③ 적자성채무는 2014년부터 200조 원 이상이다.

④ GDP 대비해서 2017년부터 적자성채무의 비율이 금융성채무의 비율보다 높아졌다.

⑤ 2020년의 적자성채무는 2014년에 비해 1.5배 이상 높아졌다.

다음 제시된 표는 처음 차량을 구입하는 사람과 두 번째로 차량을 구매하는 사람의 비율이다. 다음 조사에 따른 설명으로 옳은 것은?

(단위 : %)

두 번째 구매 \ 첫 번째 구매	소형차	중형차	대형차	합계
소형차	10		5	
중형차		30	10	50
대형차	5	10	15	
합계				100

※ 차량은 대형, 중형, 소형으로만 구분하고, 동일한 범위에 있는 차량의 크기는 동일하다.

① 처음에 중형차를 구입한 사람은 두 번째 차량은 소형차를 많이 선택한다.
② 첫 번째로 대형차를 구입한 사람이 제일 높은 비율을 차지한다.
③ 두 번째 차로로 중형차를 구입하는 사람의 비율이 제일 높다.
④ 소형차를 구매한 사람은 두 번째로 대형차를 많이 구입한다.
⑤ 첫 번째와 두 번째 차량의 규모가 달라진 경우는 50% 이상이다.6

16 다음 그래프는 OECD 국가의 고등교육 이수율이다. 이 그래프를 분석한 것으로 올바른 것은?

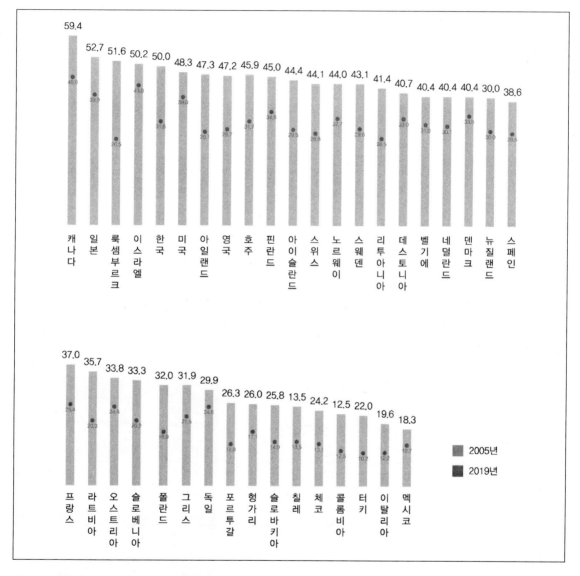

① 2019년에 2005년 대비 고등교육 이수율이 상승폭이 큰 국가는 한국이다.

② 에스토니아의 고등교육 이수율 상승률은 멕시코 상승률에 1.5배 이하이다.

③ 2019년 한국의 고등교육 이수율은 OECD 37개국 평균값과 비슷하다.

④ 2005년 대비 2019년 고등교육 이수율의 변동폭이 제일 적은 곳은 이스라엘이다.

⑤ 일본의 2005년 고등교육 이수율은 OECD 평균의 1.5배 이상이다.

17 다음은 국가별로 커피원두 생산량을 나타낸 것이다. 2018년에서 2020년 사이 브라질과 베트남의 커피원두 생산량의 차이는 몇 %로 증가하였는가?

〈연도별 커피 생산량〉

(단위 : 메트릭톤)

국가＼연도	2018	2019	2020
브라질	2,423,459	2,505,649	2,651,074
베트남	1,512,589	1,605,255	1,650,658

① 7.1% ② 8.2%

③ 9.8% ④ 10%

⑤ 12.7%

18 다음은 2011 ~ 2020년 S그룹의 문서 작업량의 오류를 검토 현황을 정리한 표이다. 자료에 대한 설명으로 옳은 것은?

〈자료 1〉 2011 ~ 2020년 문서 작업량 및 오류 문서 검토 현황

(단위: 건, %)

연도＼구분	문서 작업량	오류 문서	발견율
2011	277	131	47.3
2012	197	150	
2013	296	137	46.3
2014	492	167	
2015	623	240	38.5
2016	391		
2017	692	305	
2018	496	231	46.6
2019	653	239	36.6
2020	620	246	
계	4,737	2,050	476.6

※ 1) 문서작업량 1번에 1건의 오류만이 있다.

2) 발견율(%) = $\dfrac{\text{오류 문서}}{\text{문서작업량}} \times 100$

〈자료 2〉 2020년 문서작업량 및 작업자 현황

작업자	사원	외주거래처	컴퓨터	프리랜서	합계
문서작업량	150	300	80	90	620
오류 문서	49	172	10	15	246

① 2011년에서 2020년까지의 문서작업량은 평균 500건 이상이다.

② 2020년 문서 오류 발견율은 외주거래처가 57.3%로 제일 높다.

③ 문서작업량이 많은 기간에는 오류 문서 발견율이 높다.

④ 2020년 오류 문서 발견율이 적은 작업자는 프리랜서이다.

⑤ 2020년 전체 작업자들이 오류문서 검토를 많이 하면 발견율이 낮다.

[19 ~ 20] 연도별 의료보장 적용인구에 대한 다음 자료를 참고하여 이어지는 물음에 답하시오.

〈자료1〉 건강보험 적용인구

(단위: 천 명)

구분		2013	2014	2015	2016	2017	2018	2019	2020
직장	가입자	12,664	13,397	13,991	14,606	15,141	15,790	16,338	16,830
	피부양자	19,620	19,860	20,115	20,400	20,461	20,465	20,337	20,069
	부양률(명)	1.55	1.48	1.44	1.40	1.35	1.30	1.24	1.19
지역	세대주	7,041	6,945	6,818	6,683	6,655	6,507	6,482	6,541
	세대원	9,482	9,098	8,738	8,304	8,060	7,758	7,607	7,501
	부양률(명)	1.35	1.31	1.28	1.24	1.21	1.19	1.17	1.15

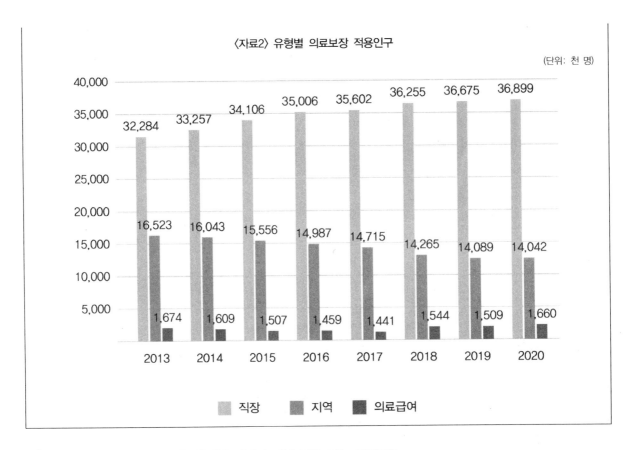

〈자료2〉 유형별 의료보장 적용인구

(단위: 천 명)

직장 / 지역 / 의료급여

	2013	2014	2015	2016	2017	2018	2019	2020
직장	32,284	33,257	34,106	35,006	35,602	36,255	36,675	36,899
지역	16,523	16,043	15,556	14,987	14,715	14,265	14,089	14,042
의료급여	1,674	1,609	1,507	1,459	1,441	1,544	1,509	1,660

19 다음 중 위의 자료에 대한 올바른 설명이 아닌 것은 어느 것인가?

① 2020년의 건강보험 적용인구 중 직장 가입자 비율은 72.4%이다.

② 직장과 지역 건강보험 가입자를 합한 수는 매년 꾸준히 증가하고 있다.

③ 의료급여 적용인구는 매년 건강보험 적용인구 대비 3% 이상의 비중을 보이고 있다.

④ 부양률은 가입자(세대주)에 대한 피부양자(세대원)의 배율을 의미한다.

⑤ 직장 가입자가 부양해야 할 피부양자의 비중이 지역 가입자가 부양해야 할 세대원의 비중보다 매년 더 크다.

20 직장과 지역을 합산한 건강보험 적용인구 전체에 대한 2013년 대비 2020년의 부양률 변화를 올바르게 설명한 것은 어느 것인가?

① 약 -20%의 감소율을 보이고 있다.   ② 약 20%의 증가율을 보이고 있다.

③ 약 0.5%p의 부양률 차이를 보이고 있다.   ④ 약 -12%의 감소율을 보이고 있다.

⑤ 약 12%의 증가율을 보이고 있다.

2 추리

[1 ~ 3] 다음의 사실이 전부 참일 때 항상 참인 것을 고르시오.

1

> • A마을에 사는 어떤 사람은 채식주의자이다.
> • A마을에 사는 어떤 사람도 농사를 짓지 않는 사람은 없다.

① A마을에 사는 모든 사람은 채식주의자이다.

② 농사를 짓는 모든 사람은 채식주의자이다.

③ 농사를 짓는 어떤 사람은 채식주의자이다.

④ A마을에 사는 어떤 사람은 농사를 짓지 않는다.

⑤ 채식주의자는 모두 농사를 짓는다.

2

> • 팝송을 좋아하는 사람은 음악을 좋아한다.
> • 재즈를 좋아하는 사람은 음악을 좋아한다.

① 음악을 좋아하는 사람은 팝송도 재즈도 좋아한다.

② 팝송을 좋아하는 사람은 재즈를 좋아하지 않는다.

③ 팝송을 좋아하는 사람은 음악 또는 재즈를 좋아하지 않는다.

④ 음악을 좋아하지 않는 사람은 팝송도 재즈도 좋아하지 않는다.

⑤ 팝송을 좋아하고 재즈를 좋아하지 않는 사람은 음악을 좋아한다.

3

> • 사과를 먹은 사람은 딸기를 먹은 사람이다.
> • 수박을 먹은 사람은 딸기를 먹지 않은 사람이다.
> • 수박을 먹지 않은 사람은 참외를 먹지 않은 사람이다.

① 사과를 먹은 사람은 참외를 먹은 사람이다.

② 사과를 먹은 사람은 수박을 먹지 않은 사람이다.

③ 딸기를 먹은 사람은 사과를 먹은 사람이다.

④ 딸기를 먹은 사람은 참외를 먹은 사람이다.

⑤ 수박을 먹은 사람은 참외를 먹지 않은 사람이다.

4 A, B, C, D가 있다. 이들 중 한 명은 범인이며, 한 명만이 진실을 말하고 있다. 다음 중 범인은 누구인가?

> A : C는 범인이 아니다.
> B : A는 거짓말을 하고 있다.
> C : D와 나는 모두 범인이 아니다.
> D : C가 범인이다.

① A ② B

③ C ④ D

⑤ 알 수 없음

5 다음을 근거로 판단할 때, 도형의 모양을 옳게 짝지은 것은?

> 5명의 학생은 5개 도형 A ~ E의 모양을 맞히는 게임을 하고 있다. 5개의 도형은 모두 서로 다른 모양을 가지며 각각 삼각형, 사각형, 오각형, 원 중 하나의 모양으로 이루어진다. 학생들에게 아주 짧은 시간 동안 5개의 도형을 보여준 후 도형의 모양을 2개씩 진술하게 하였다. 학생들이 진술한 도형의 모양은 다음과 같고, 모두 하나씩만 정확하게 맞혔다.
>
> 〈진술〉
>
> 甲 : C = 삼각형, D = 사각형
> 乙 : B = 오각형, E = 사각형
> 丙 : C = 원,　　 D = 오각형
> 丁 : A = 육각형, E = 사각형
> 戊 : A = 육각형, B = 삼각형

① A = 육각형, D = 사각형　　② B = 오각형, C = 삼각형

③ A = 삼각형, E = 사각형　　④ C = 오각형, D = 원

⑤ D = 오각형, E = 육각형

6 다음 〈조건〉을 읽고 옳은 설명을 고르면?

> 〈조건〉
> • A는 붉은 구슬 1개, B는 흰 구슬 2개를 가지고 있고, C는 붉은 구슬 2개를 가지고 있다.
> • A, B, C는 가위, 바위, 보 게임을 하여 이긴 사람이 진 사람에게 구슬을 하나씩 주기로 한다.
> • 무승부일 경우에는 각자 가지고 있는 구슬 하나를 바닥에 버린다.
> • 가위, 바위, 보는 같은 사람과 반복하지 않는다.
> • C는 A에게 이기고 B와 비겼다.
> • 그 다음으로, B는 A에게 졌다.

> A : A가 가지고 있는 구슬 중 흰 구슬 1개가 있다.
> B : A가 가지고 있는 구슬 중 붉은 구슬 1개가 있다.

① A만 옳다.　　　　　　　② B만 옳다.

③ A와 B 모두 옳다.　　　　④ A와 B 모두 그르다.

⑤ A와 B 모두 옳은지 그른지 알 수 없다.

[7 ~ 8] 주어진 결론을 반드시 참으로 하는 전제를 고르시오.

7

전제1 : A, B, C가 달리기 시합을 하였고, A는 C보다 빨리 들어왔다.
전제2 : _____
결 론 : B가 가장 빨리 들어왔다.

① B는 C보다 빨리 들어왔다.
② A는 B보다 빨리 들어왔다.
③ C가 가장 늦게 들어왔다.
④ A는 C보다 빨리 들어오지 못했다.
⑤ A는 B보다 빨리 들어오지 못했다.

8

전제1 : A는 노란색 옷을 입은 다음날은 파란색 옷을 입는다.
전제2 : A는 파란색 옷을 입은 다음날은 빨간색 옷을 입는다.
전제3 : _____
결 론 : A는 내일 빨간색 옷을 입을 것이다.

① A는 오늘 노란색 옷을 입었다.
② A는 오늘 빨간색 옷을 입었다.
③ A는 어제 노란색 옷을 입었다.
④ A는 어제 파란색 옷을 입었다.
⑤ A는 어제 빨간색 옷을 입었다.

9

전제1 : 매일 열심히 운동을 하는 사람은 미인이다.

전제2 : 미인은 잠꾸러기이다.

전제3 : _____

결 론 : 甲은 미인이 아니다.

① 甲은 매일 열심히 운동을 하지 않는다.

② 甲은 매일 열심히 운동을 한다.

③ 甲은 가끔 열심히 운동을 하지 않는다.

④ 甲은 잠꾸러기이다.

⑤ 甲은 잠꾸러기가 아니다.

10 다음을 근거로 판단할 때, 〈진술〉에서 참을 말하는 사람은?

음악동아리 5명의 학생 각각은 미술동아리 학생들과 30회씩 가위바위보 게임을 했다. 각 게임에서 이길 경우 5점, 비길 경우 1점, 질 경우 −1점을 받는다. 게임이 모두 끝나자 A동아리 5명의 학생들은 자신이 얻은 합산 점수를 다음과 같이 말했다.

〈진술〉

甲 : 내 점수는 148점이야.

乙 : 내 점수는 145점이야.

丙 : 내 점수는 143점이야.

丁 : 내 점수는 140점이야.

戊 : 내 점수는 139점이야.

① 甲

② 乙

③ 丙

④ 丁

⑤ 戊

11 다음을 근거로 판단할 때, 36개의 로봇 중 가장 빠른 로봇 1, 2위를 선발하기 위해 필요한 최소 경기 수는?

> • 전국 로봇달리기 대회에 36개의 로봇이 참가한다.
> • 경주 레인은 총 6개이고, 경기당 각 레인에 하나의 로봇만 배정할 수 있으나, 한 경기에 모든 레인을 사용할 필요는 없다.
> • 배정된 레인 내에서 결승점을 먼저 통과하는 순서대로 순위를 정한다.
> • 속력과 시간의 측정은 불가능하고, 오직 경기 결과에 의해서만 순위를 결정한다.
> • 로봇별 속력은 모두 다르고 각 로봇의 속력은 항상 일정하다.
> • 로봇의 고장과 같은 다른 요인은 경기 결과에 영향을 미치지 않는다.

① 7　　　　　　　　　　　　　　② 8
③ 9　　　　　　　　　　　　　　④ 10
⑤ 11

12 다음 〈조건〉을 근거로 판단할 때, 가장 많은 품삯을 받은 일꾼은? (단, 1전은 10푼이다)

> 〈조건〉
> • 일꾼 다섯 명의 이름은 좀쇠, 작은놈, 어인놈, 상득, 정월쇠이다.
> • 다섯 일꾼 중 김씨가 2명, 이씨가 1명, 박씨가 1명, 윤씨가 1명이다.
> • 이들의 직업은 각각 목수, 단청공, 벽돌공, 대장장이, 미장공이다.
> • 일당으로 목수와 미장공은 4전 2푼을 받고, 단청공과 벽돌공, 대장장이는 2전 5푼을 받는다.
> • 윤씨는 4일, 박씨는 6일, 김씨 두 명은 각각 4일, 이씨는 3일 동안 동원되었다. 동원되었지만 일을 하지 못한 날에는 보통의 일당 대신 1전을 받는다.
> • 박씨와 윤씨는 동원된 날 중 각각 하루씩은 배가 아파 일을 하지 못했다.
> • 목수는 이씨이다.
> • 좀쇠는 박씨도 이씨도 아니다.
> • 어인놈은 단청공이다.
> • 대장장이와 미장공은 김씨가 아니다.
> • 정월쇠의 일당은 2전 5푼이다.
> • 상득은 김씨이다.
> • 윤씨는 대장장이가 아니다.

① 좀쇠　　　　　　　　　　　　② 작은놈
③ 어인놈　　　　　　　　　　　④ 상득
⑤ 정월쇠

13 A, B, C, D, E, F 여섯 사람으로 구성된 부서에서 주말 당직을 정하는데 다음의 〈조건〉을 모두 지켜야 한다. 당직을 맡을 수 있는 사람을 바르게 짝지은 것은?

〈조건〉
- A와 B가 당직을 하면 C도 당직을 한다.
- C와 D 중 한 명이라도 당직을 하면 E도 당직을 한다.
- E가 당직을 하면 A와 F도 당직을 한다.
- F가 당직을 하면 E는 당직을 하지 않는다.
- A가 당직을 하면 E도 당직을 한다.

---

① A, B
② A, E
③ B, F
④ C, E
⑤ D, F

14 일렬로 나란히 배열된 다섯 개의 의자에 A, B, C, D 4명의 임원이 앉을 자리를 배치해야 한다. 다음 〈조건〉이 주어졌을 때 반드시 참인 것은?

〈조건〉
- A와 C는 사이에 빈 의자를 두고 나란히 앉기를 바란다.
- C는 D보다 중심에 가깝게 앉아야 하고, B는 D 옆에 앉아야 한다.

---

① B는 C의 옆자리에 앉는다.
② D는 A의 옆자리에 앉는다.
③ C는 끝자리에 앉는다.
④ D 옆에는 빈 의자가 있다.
⑤ 빈 의자는 중앙이나 양끝에 있지 않다.

[15 ~ 16] 다음의 관계를 유추하여 (   ) 안에 들어갈 단어로 적절한 것을 고르시오.

15

포유류 : 염소 = 건반악기 : (   )

① 음악

② 기타

③ 나무

④ 피아노

⑤ 뮤지션

16

현실 : 실상 = 절감 : (   )

① 허구

② 과약

③ 채택

④ 독점

⑤ 초과

[17 ~ 19] 다음 제시된 도형을 보고 "?"에 들어갈 도형으로 알맞은 것을 고르시오.

17

①

②

③

④

⑤

18

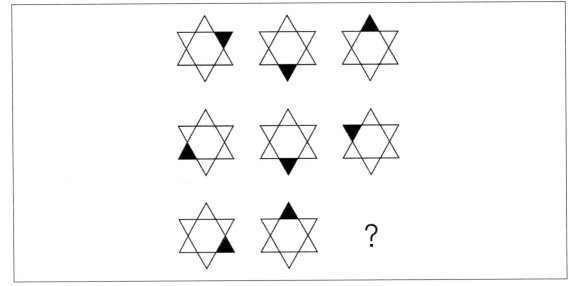

①

②

③

④

⑤

19

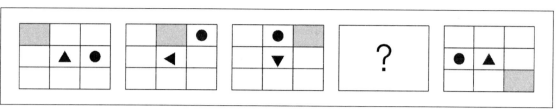

①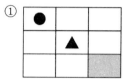

②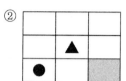

③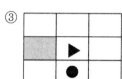

④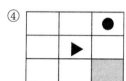

⑤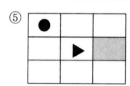

[20 ~ 23] 다음의 기호가 문자 배열을 바꾸는 규칙을 나타낸다고 할 때, "?"로 옳은 것을 고르시오.

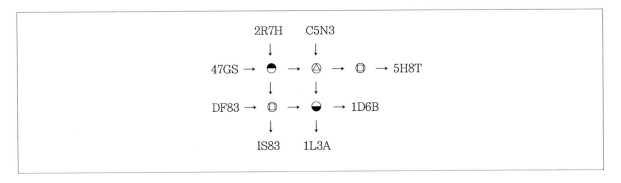

20

5W8J → ▢ → ◖ → △ → (   )

① 69XK

② 36UI

③ 6X9K

④ 3U6I

⑤ KX96

21

WHAT → ◖ → ◖ → ▢ → (   )

① XIBU

② YJCV

③ VJCY

④ VCJY

⑤ UIBX

22

YOUNG → △ → ▣ → ⬗ → (　　)

① XMTNF

② WLSME

③ ZOVPH

④ YNUOG

⑤ ELSMW

23

D6H3 → ⬗ → (　　) → C5G2

① ⬗

② △

③ ▣

④ ⬗

⑤ 없음

24 다음 글의 내용과 일치하지 않는 것은?

'아낭케'는 고대 그리스 신화에서 피할 수 없는 운명이나 필연성 등을 상징하는 여신으로 등장한다. 이처럼 신화적 상상력으로 세계의 현상들을 바라보는 관점이 지배적이었던 시기에 아낭케는 '운명으로서의 필연'이라는 의미를 가지고 있었다. 그런데 철학적 사유가 생겨남에 따라 아낭케는 일종의 이론적인 개념이 되었다. 이 과정에서 아낭케는 세계의 현상을 바라보는 관점들에 따라서 여러 가지 의미를 가지게 되었다. 특히 철학적 개념으로서의 아낭케는 세계의 현상을 바라보는 두 가지 서로 다른 관점인 기계론적 관점과 목적론적 관점에 따라 상당히 다른 의미를 지니게 된다.

기계론적 관점은, 세계에는 어떤 궁극의 목적이란 존재하지 않고 오직 기계적인 법칙만이 존재한다고 보는 관점이다. 이 관점에 따르면 세계는 정교한 기계이기 때문에 이를 설명하는 데 필요한 질량, 속도 등의 역학적 개념들만으로 세계의 현상들을 설명해야 한다고 본다. 따라서 세계가 오늘날과 같이 변화한 것에 어떤 궁극적인 목적은 없고 오직 인과관계의 법칙성만이 존재한다고 본다. 이와 달리, 목적론적 관점은, 세계에는 어떤 궁극적인 목적이 전제되어 있고 세계는 이것을 향해 운동하고 있다고 보는 관점이다. 그래서 세계가 오늘날과 같이 변화한 것은 이상적인 목적을 향해 가는 과정이기 때문에 지금의 세계는 완전하지 않다고 본다.

기계론적 관점에서 아낭케는 법칙성이라는 의미의 필연을 뜻한다. 데모크리토스의 이론은 이런 기계론적 관점의 아낭케를 잘 보여 준다. 이성의 작용도 일종의 원자 운동이라고 본 데모크리토스는 모양, 위치, 배열이라는 특징을 지니는 원자들이 특정하게 부딪치면 그것이 원인이 되어 정해진 결과들이 나온다는 역학적 인과 관계의 법칙만을 인정한다. 이런 법칙성이 바로 기계론적 관점에서 말하는 아낭케이다.

이와 달리 목적론적 관점에서 아낭케는 질료적 조건이라는 의미의 필연을 뜻한다. 여기서 '질료(質料)'는, 이상적인 목적인 '형상(形相)'이 현실에서 구현되기 위해 필연적으로 존재하는 조건이다. 목적론적 관점을 지닌 플라톤은, 현실에 구현되기 이전의 형상은 그 자체로 완벽한데, 질료가 형상을 그대로 담아내지 못하기 때문에 현실에 오차나 무질서가 있다고 생각한다. 즉 플라톤이 생각하는 아낭케는, 형상이 현실에 구현되기 위해 반드시 있어야 하는 질료적 조건으로서의 필연이라는 의미를 지닌다. 동시에 질료가 형상을 완벽하게 받아들이지 못하는 한계가 있으므로 아낭케는 극복해야 할 어떤 것이라는 의미도 지니게 된다.

① 고대 그리스 신화에서 아낭케는 운명이나 필연성을 신격화한 존재였다.

② 데모크리토스는 역학적 인과 관계로 설명할 수 없는 이성의 작용을 인정한다.

③ 아낭케는 세계의 현상을 바라보는 관점들에 따라 여러 가지 의미를 지니고 있다.

④ 플라톤은 질료가 형상을 온전히 담아내지 못해서 현실에 오차가 있다고 생각했다.

⑤ 아낭케라는 개념의 이론적인 성격은 철학적 사유가 생겨난 것에서 비롯되었다.

25 다음의 글에 대한 설명으로 옳은 것은?

> 　20세기 후반부터 급격히 보급된 인터넷 기술 덕택에 가히 혁명이라 할 만한 새로운 독서 방식이 등장했다. 검색형 독서라고 불리는 이 방식은, 하이퍼텍스트 문서나 전자책의 등장으로 책의 개념이 바뀌고 정보의 저장과 검색이 놀라우리만치 쉬워진 환경에서 가능해졌다. 독자는 그야말로 사용자로서, 필요한 부분만 골라 읽을 수 있을 뿐 아니라 읽고 있는 텍스트의 일부를 잘라 내거나 읽던 텍스트에 다른 텍스트를 추가할 수도 있다. 독서가 거대한 정보의 바다에서 길을 잃지 않고 항해하는 것에 비유될 정도로 정보 처리적 읽기나 비판적 읽기가 중요하게 되었다. 그렇다면 과거에는 어떠했을까?
>
> 　초기의 독서는 소리 내어 읽는 음독 중심이었다. 고대 그리스인들은 쓰인 글이 완전해지려면 소리 내어 읽는 행위가 필요하다고 생각했다. 또한 초기의 두루마리 책은 띄어쓰기나 문장 부호 없이 이어 쓰는 연속 기법으로 표기되어 어쩔 수 없이 독자가 자기 목소리로 문자의 뜻을 더듬어가며 읽어 봐야 글을 이해 할 수 있었다. 흡사 종교 의식을 치르듯 성서나 경전을 진지하게 암송하는 낭독이나, 필자나 전문 낭독가가 낭독하는 것을 들음으로써 간접적으로 책을 읽는 낭독-듣기가 보편적이었다.
>
> 　그러던 12세기 무렵 독서 역사에 큰 변화가 일어나는데, 그것은 유럽 수도원의 필경사들 사이에서 시작된, 소리를 내지 않고 읽는 묵독의 발명이었다. 공동생활에서 소리를 최대한 낮춰 읽는 것이 불가피했던 것이다. 비슷한 시기에 두루마리 책을 완전히 대체하게 된 책자형 책은 주석을 참조하거나 앞부분을 다시 읽는 것을 가능하게 하여 묵독을 도왔다. 묵독이 시작되자 낱말의 간격이나 문장의 경계 등을 표시할 필요성이 생겨 띄어쓰기와 문장 부호가 발달했다. 이와 함께 반체제, 에로티시즘, 신앙심 등 개인적 체험을 기록한 책도 점차 등장했다. 이러한 묵독은 꼼꼼히 읽는 분석적 읽기를 가능하게 했다.
>
> 　음독과 묵독이 공존하던 18세기 중반에 새로운 독서 방식으로 다독이 등장했다. 금속 활자와 인쇄술의 보급으로 책 생산이 이전의 3~4배로 증가하면서 다양한 장르의 책들이 출판되었다. 이전에 책을 접하지 못했던 여성들이 대거 독자로 유입되었고, 독서 조합과 대출 도서관 등 독서 기관이 급격히 증가했다. 이전 시대에는 제한된 목록의 고전을 여러 번 정독하는 집중형 독서가 주로 행해졌던 반면, 이제는 분산형 독서가 행해졌다. 이것은 필독서인 고전의 권위에 대항하여 자신이 읽고 싶은 것을 골라 읽는 자유로운 선택적 읽기를 뜻한다.
>
> 　이와 같이 오늘날 행해지는 다양한 독서 방식들은 장구한 시간의 흐름 속에서 하나씩 등장했던 것이다. 그래서 거기에는 당대의 지식사를 이끌었던 흔적들이 남아 있다.
>
> ※ 필경사 : 글씨 쓰는 일을 직업으로 하는 사람.

① 정보 처리적 읽기와 비판적 읽기가 독서의 종착점이 될 것이다.

② 초기의 독서는 띄어쓰기 되어있는 문장을 소리 내어 읽는 음독 중심의 독서였다.

③ 12세기 무렵 띄어쓰기와 문장 부호가 발달했다.

④ 개인적 체험을 기록한 책은 18세기 중반부터 나타나기 시작했다.

⑤ 독서 방식은 자유롭게 선택한 책을 여러 번 정독하는 방식에서 제한된 목록의 고전을 골라 읽는 방식으로 변화했다.

26 다음 글의 제목으로 가장 적절한 것은?

한 남자가 수많은 이유로 애인과의 관계를 끝낼 수밖에 없는 상황인데도 이를 실천하지 못하자 프로이트를 찾는다. 그가 "어떻게 하면 그녀를 멀리할 수 있을까요?"라고 묻자, 프로이트는 전화를 하지 말라고 충고한다. 매번 전화를 할 때마다 헤어지려는 결심이 흔들렸기 때문이다. 남자는 그렇다면 이제 정말 끝이라는 말을 편지로 써서 전달하겠다고 말한다. 그것을 어떻게 전달하는가도 문제이긴 했지만, 일단 그는 편지부터 쓰기로 했다. 그런데 그는 프로이트를 찾아와 도저히 어떻게 말을 시작해야 할지 모르겠다면서 이 모든 것이 분석가의 조언이라고 써도 되냐고 물었고 프로이트는 이를 승낙한다.

한 시간 후 집으로 돌아간 그는 편지를 쓰다가 갑자기 프로이트라는 이름을 언급해도 되는지 물어보지 못했다는 생각이 났고, 급히 전화기로 뛰어가 교환에게 번호를 댔다. 누군가 전화를 받자 그는 "프로이트 선생님 좀 바꿔주세요"라고 말했는데, 전화기에서 들려온 목소리는 다음과 같았다. "당신이군요. 무슨 말이에요? 기다렸어요." 그가 애인에게 전화를 걸었던 것이다.

피해야겠다는 생각을 수백 번 다시 해도 무의식이 그쪽으로 방향을 잡고 있다면 전속력으로 도망치다 제일 마지막에 도달하는 곳이 바로 내가 피해 달아난 그 사람 또는 그것이 된다.

① 환자의 불안   ② 결별의 어려움

③ 의식과 무의식   ④ 피할 수 없는 사랑

⑤ 프로이트식 상담 방법

27 (가)와 (나)에 대한 설명으로 옳은 것은?

(가) 텔레비전의 귀재라고 불리는 토니 슈월츠는 1980년대에 들어서면서 텔레비전을 마침내 '제2의 신'이라고 불렀다. 신은 전지전능하며, 우리 곁에 항상 같이 있으며, 창조력과 파괴력을 동시에 지니고 있다는데, 이러한 신의 속성을 텔레비전은 빠짐없이 갖추고 있다는 것이다. 다만, 제2의 신은 과학이 만들어 낸 신이며, 전 인류가 이 제단 앞에 향불을 피운다는 점이 다를 뿐이라고 지적했다. 수백만, 수천만, 아니 수억의 인간이 텔레비전 시청이라는 똑같은 의식을 통해서 사랑과 죽음의 신비성을 느끼며, 인생의 환희와 슬픔을 나눈다. 그 어떤 신도 이렇게 많은 신도를 매혹시키지는 못했으며, 앞으로도 불가능할 것이다.

우리나라도 천만 세대가 넘는 가정에 텔레비전이 한 대씩 이미 보급되어 있으며, 2대 이상 소유한 가정도 흔하다. 아시아에서 일본 다음으로 텔레비전 왕국이 된 우리나라의 시청 현상에 나타나는 두드러진 특징은, 일부 선진국의 경우와 유사하다. 즉, 한편으로는 텔레비전에 대해 비판 의식이 비교적 높은 식자층이 텔레비전 문화를 천시하거나 기피하는 현상을 보이고 있고, 다른 한편으로는 많은 일반 대중이 수동적, 무비판적으로 텔레비전 문화를 수용하는 추세를 보이고 있어 극단적인 대조 현상을 나타내고 있다. 그러나 텔레비전이라는 무례한 손님이 안방 한 구석을 차지하여 무슨 소리를 내든 무제한 관용을 베풀며 무분별하게 수용하는 시청자가 압도적으로 많다.

(나) 현대의 대중 잡지, 주간지 등과 같은 상업적 저널리즘, 저속한 영화와 연극, 그리고 쇼화 되는 스포츠 등과 같은 대중오락은 정치적 무관심을 자아내게 하는 데 커다란 역할을 하고 있다. 특히 신문·잡지(특히 주간지) 등은 정치적 문제와 사건을 비정치화 시켜서 대중에게 전달하거나, 또는 대중의 흥미와 관심을 비정치 대상에 집중시킴으로써 많은 사람의 관심을 비정치적 영역에 집중시킨다. 이를테면 정치적인 문제를 다룰 경우에도, 사건의 본질과는 관계없는 에피소드와 부속 현상을 크게 보도하거나, 또는 정치가를 소개하는 경우에도 그 정치적 자질과 식견 및 지난날에 있어서의 업적 등과 같은 본질적 문제보다는 오히려 그의 사생활을 크게 보도하는 경향이 있다. 이 같은 경향이 나타나는 것은 거대 기업화한 매스컴이 대량의 발행 부수와 시청률을 유지, 확대시켜 나가기 위해서는 불가불 대중성을 필요로 하기 때문이다. 그리고 오락 장치의 거대화에 비례하여 일반 대중의 의식 상황이 수동적으로 되는 경향이 나타나고 있는데, 특히 TV의 보급으로 인하여 이런 현상이 두드러지고 있다. 말하자면 매스컴은 일반 대중의 에너지를 비정치적 영역으로 흡수하는 세척 작용의 기능을 수행하고 있는 것이다. 이리하여 매스 미디어는 일종의 그레샴의 법칙에 의해서 정치라는 경화(硬貨)를 대중오락이라는 지폐로써 구축(驅逐)해버리게 되는 것이다.

① (가)는 대상의 문제점을 포괄적으로 다루는 반면, (나)는 대상의 문제점을 특정 분야에 한정하여 제시한다.

② (가)는 대상에 통시적으로 접근하여 제시하지만, (나)는 대상을 공시적으로 다룬다.

③ (가)는 일반적인 통념을 제시하고 그에 대한 반론을 주장하지만, (나)는 대상에 대한 통념을 일정 부분 수긍하고 있다.

④ (가)는 인용을 통해 논지를 확장하고 있지만, (나)는 인용을 통해 끌어들인 견해를 반박하고 있다.

⑤ (가)는 대상에 대한 주관적인 감정을 서술하지만, (나)는 대상을 관조적으로 대하고 있다.

28 다음 글에 대한 설명으로 가장 적절한 것은?

일상생활에서 다른 사람의 물건을 구입하거나 자신의 물건을 판매하는 일은 흔히 있는 일이다. 이렇게 다른 사람과 거래를 할 때에는 일정한 합의나 약속이 필요한데, 이를 '계약'이라 한다. 계약은 일반적으로 청약과 승낙의 합치에 의해 성립되지만, 특수하게 의사실현이나 교차청약에 의해 성립되기도 한다.

계약에서 계약의 성립을 제안하는 것은 '청약'이라고 하고, 청약을 받은 이가 그 청약을 그대로 수락하는 것은 '승낙'이라고 한다. 만약 청약을 받은 이가 청약 내용의 변경을 요구한다면 이는 새로운 청약을 한 것이 된다. 청약과 승낙의 합치에 의해 성립하는 계약이 실시간 의사소통에 의해 이루어질 때는 청약자가 청약을 받은 이에게서 승낙의 의사가 담긴 말을 들은 시점에 계약이 성립한다. 그러나 실시간 의사소통이 불가능한 이들 간의 계약에서는 승낙의 의사표시가 청약자에게 발송된 시점에 계약이 성립하는 것으로 본다. 이때 승낙의 의사표시가 승낙기간 내에 청약자에게 도달하지 못한다면 계약의 효력은 발생하지 않는다. 승낙의 의사표시가 승낙자의 과실이 아닌 부득이한 사유로 기간 내에 도달하지 못하고 연착하는 경우가 있을 수 있다. 이때 승낙의 의사표시를 받은 청약자가 승낙자에게 연착 사실을 즉시 알리지 않으면, 승낙자는 승낙기간 내에 승낙의 의사표시가 청약자에게 전달된 것으로 간주할 것이므로 계약의 효력은 발생한다.

일반적이지는 않지만 청약자의 의사표시의 특성이나 거래상의 관습 등에 의해 승낙의 의사표시를 통지하지 않아도 성립하는 계약이 있다. 예를 들어 인터넷을 통해 호텔 객실을 예약하는 청약이 있은 후, 호텔 측이 청약자에게 별도의 의사표시를 통지하지 않고 객실을 마련하는 경우가 이에 해당한다. 이처럼 승낙의 의사표시를 통지하지 않고 승낙의 의사표시로 인정되는 사실만 있어도, 그 사실이 발생한 때에 계약은 성립한다. 이를 의사실현에 의한 계약의 성립이라 한다. 또한 청약만 두 개가 존재하더라도 의사표시의 내용이 결과적으로 일치하면 계약이 성립하는데, 이를 교차청약에 의한 계약의 성립이라 한다. 가령 모임에서 A와 B는 각각 자동차를 팔고, 사고 싶다는 서로의 마음을 알게 된 후, A는 자동차를 천만 원에 팔겠다는 청약의 의사표시를 B에게 보냈다고 하자. 이것이 B에게 도착하기 전에 B가 A에게 자동차를 천만 원에 사겠다는 청약의 의사표시를 보낸다면, 계약은 양 청약의 의사표시가 A, B에게 모두 도달한 때에 성립한다.

이러한 계약들이 성립되는 과정에서 매매 대상이 불에 타 없어진 것처럼 계약의 이행이 불가능한 상황이 발생할 수 있다. 만약 청약자가 매매 대상이 없어졌다는 사실을 계약 성립 당시에 알았거나 그 사실을 쉽게 확인할 수 있었음에도 확인하지 않았고, 승낙자는 매매 대상이 없다는 것을 몰랐거나 알 수 없었다면 청약자는 계약의 유효를 전제로 한 경비나 이자 비용과 같이 승낙자가 그 계약이 유효하다고 믿음으로 인해 입은 손해를 배상해 주어야 한다. 이때 그 배상액은 계약이 이행되었다면 승낙자에게 생길 이익, 이를테면 매매가와 시가 사이의 차액을 초과할 수 없다.

① 대상의 장단점을 분석하여 대안을 제시하고 있다.
② 대상을 구분하고 사례를 활용하여 설명하고 있다.
③ 대상과 관련된 제도의 변천 과정을 보여주고 있다.
④ 대상을 비판적으로 바라보는 관점들을 소개하고 있다.
⑤ 대상이 지닌 문제점의 원인을 다각도로 기술하고 있다.

29 다음 중 ㉠을 가장 정확하게 해석한 것은?

> 육체의 모든 부분은 그것이 어떤 직능의 기관이든 인간의 의지를 표현하는 것이 아닌 것은 없다. 손발의 활동은 그러한 것의 대표적인 것이다. 그러나 인간의 미묘한 감정을 표현해 주는 것은 눈뿐이다. 입도 인간의 희비애락을 표현해 주는 중요한 기관의 하나이지만 그것은 결코 눈의 그것처럼 미묘한 것은 아니다. 말은 인간의 가장 정확한 감정 표현이 될 수 있지만 그것은 결코 눈의 그것처럼 진실한 것은 못 된다. ㉠웃으면서도 눈은 슬픔을 말해 주기도 하고, 울면서도 눈은 즐거움을 말해 주기도 한다.
>
> 또한 눈은 있는 그대로의 모습으로써 무한한 의미를 표현하며 조그만 변화로써 중대한 다른 의미를 갖기도 한다. '모나리자'의 미소는 신비적인 표현의 대표적 일례로 되어 있지만 항상 그 이외의 미묘한 신비적 표현을 나타내 주고 있는 것이 누구나의 일상의 눈이다. 고래(古來)로 많은 시인들이 그 애인의 눈의 비밀을 그 무엇보다도 더 많이 노래했던 것도 이 때문이다. 눈은 무언의 언어이며, 그 무언의 언어가 항상 설명을 초월해 있기 때문에 그것은 언제나 가장 정확한 언어이기도 하다.
>
> 눈은 인간이 그 육체 속에 가지고 있는 유일한 영혼의 창문이다. 눈은 외부로부터 자기의 영혼을 넘어다보게 하는 유일한 창문인 동시에, 자기의 영혼이 모든 외부를 바라다볼 수 있는 유일한 창문이기도 하다. 자기와 외부와의 일체의 교류는 이 눈이라는 창문을 통해서만 행하여진다. 그러므로 눈은 항상 무엇인가를 호소 및 고백하려고 애쓰고 있으며, 항상 그 무엇인가를 찾고 있는 것이다. 그러나 눈이 항상 무엇을 호소하고 있는가에 대해서 아무도 정확히 알 수는 없다. 다만 확실한 것은 그것이 무엇인지는 모르나 눈은 항상 그 무엇을 호소하려고 애쓰고, 그 무엇을 찾고 있다는 사실뿐이다.

① 눈은 속마음을 숨김없이 드러낸다.

② 눈에 나타나 있는 것은 사실이 아니다.

③ 모든 감정은 눈을 통해서만 나타난다.

④ 겉으로 나타나는 것과 속이 일치한다.

⑤ 웃음과 울음은 같은 감정의 다른 표현이다.

30 다음 글을 통해 이해할 수 없는 내용에 해당하는 것은?

신경과학의 많은 연구들은 기억의 형성을 '장기강화'로 설명한다. 이에 따르면 뇌의 신경세포들은 세포 사이의 틈새인 시냅스로 전기적·화학적 신호를 전달하면서 정보를 공유하는 시냅스 연결을 한다. 이 신호가 강력해 시냅스 연결이 오래 유지되는 현상이 장기강화이며, 이를 통해 기억이 형성된다는 것이다.

시냅스 연결은 신경세포에 있는 이온들의 활동이 바탕이 된다. 이온은 농도가 높은 곳에서 낮은 곳으로 확산되며 이동하는 성질 등으로 신경세포막의 안과 밖을 이동한다. 이러한 이온의 이동은 신경세포의 상태를 변화시킨다. 우선 외부 자극이 없으면 주로 세포막 밖은 양이온이 많고, 안은 음이온이 많아져 세포막 안팎이 각각 양전하, 음전하로 나뉘는 분극이 일어난다. 이 과정의 신경세포는 안정 상태에 있다. 그런데 새로운 정보 등의 외부 자극이 있으면 양전하를 띤 Na^+(나트륨 이온)이 밖에서 안으로 확산되어 세포 안에 양전하가 쌓이는 탈분극이 일어난다. 탈분극은 신경세포를 흥분상태로 만들면서 전기적 신호인 활동전위를 형성한다. 신경세포가 흥분상태가 되면 세포 밖의 Ca^{2+}(칼슘 이온)이 안으로 확산된다. 그러면 이 Ca^{2+}은 글루탐산을 비롯한 여러 신경전달물질, 즉 화학적 신호를 밖으로 분비시킨다. 이 신호가 다른 신경세포와 결합하면서 시냅스 연결이 이루어진다. 이때 화학적 신호를 분비한 세포를 '시냅스전세포', 화학적 신호를 받는 세포를 '시냅스후세포'라고 한다.

이러한 시냅스 연결이 장기강화로 이어지는 것은 글루탐산과 Ca^{2+}의 역할 때문이다. 흥분상태의 시냅스전세포가 분비한 글루탐산은 시냅스후세포의 암파 수용체와 NMDA 수용체를 자극한다. 먼저 암파 수용체의 통로는 많은 양의 글루탐산의 자극이 있으면 개방된다. 이 통로로 Na^+이 안으로 확산되면 시냅스후세포도 탈분극되어 흥분상태가 된다. 이렇게 되면 글루탐산의 자극을 받고 있는 NMDA 수용체의 통로에서 Mg^{2+}(마그네슘 이온)이 제거되어 통로가 열린다. 그리고 개방된 NMDA 수용체 통로로 Na^+과 Ca^{2+}이 확산에 의해 안으로 유입된다. 유입된 Ca^{2+}은 세포 안의 단백질을 활성화시키고, 활성화된 단백질은 새로운 암파 수용체를 만들어낸다. 그 결과 시냅스후세포는 Na^+을 더 많이 받아들여 탈분극을 강화하고, Ca^{2+}의 유입이 지속되어 흥분상태를 오래 유지할 수 있게 된다.

또한 흥분된 시냅스후세포는 역으로 시냅스전세포에 신호를 보내 시냅스전세포의 글루탐산 분비량을 늘려 시냅스 연결을 더욱 강화한다. 이를 통해 시냅스 연결은 3시간까지 유지되는데, 이를 초기 장기강화라고 한다. 이에 비해 시냅스 연결이 24시간 이상 지속되기도 하는데, 이를 후기 장기강화라고 한다. 후기 장기강화가 초기 장기강화와 다른 점은 새로운 단백질을 합성한다는 것이다. 암파 수용체는 수명이 짧아 시냅스 연결을 유지하려면 암파 수용체를 새로 만들어야 하는데, 초기 장기강화 때처럼 세포 안에 있는 단백질만을 활용하면 이를 지속할 수 없다. 따라서 새롭게 단백질을 합성해 암파 수용체를 계속 만들어내는 것이다. 신경과학자들은 초기 장기강화를 통해 단기기억이, 후기 장기강화를 통해 장기기억이 형성된다고 본다.

① 신경세포들 사이에는 틈새가 존재한다.
② 시냅스 연결이 유지되는 시간은 일정하지 않다.
③ 시냅스전세포와 시냅스후세포는 상호 영향을 미친다.
④ 신경세포가 흥분상태일 때 전기적 신호가 만들어진다.
⑤ 외부 자극이 가해지면 세포 안으로 이동하는 이온의 양이 줄어든다.

04 제4회 실전모의고사

정답 수	수리논리	/ 20문항	풀이 시간	수리논리	/ 30분
	추리	/ 30문항		추리	/ 30분

1 수리논리

1 S그룹 프로젝트 업무를 하였다. 갑과 을이가 함께 업무를 하면 4시간이 소요된다. 혼자서 일을 한다면 을이가 8시간을 해야 업무가 끝난다. 갑 혼자서 작업을 하면 몇 시간이 걸리는가?

① 1시간 ② 2시간

③ 8시간 ④ 3시간

⑤ 6시간

2 빨간색 주사위 2개와 파란색 주사위 2개가 있다. 4개의 주사위를 무작위로 던져서 빨간색 주사위의 합이 10 이상이면 당첨이 된다. 당첨이 될 확률은?

① $\dfrac{1}{12}$ ② $\dfrac{1}{29}$

③ $\dfrac{1}{15}$ ④ $\dfrac{1}{36}$

⑤ $\dfrac{1}{18}$

3 다음 그래프에 대해 옳은 분석을 한 것은?

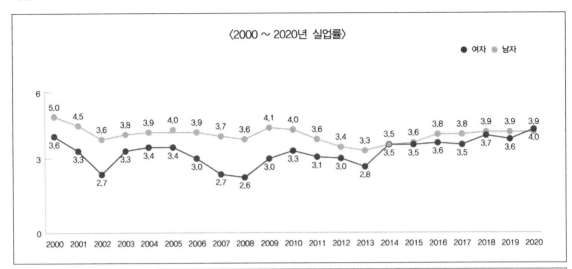

⊙ 2006년 대비 2020년의 평균 실업률이 감소하였다.

ⓒ 2020년도의 실업률 평균은 2000년도보다 낮다.

ⓒ 성별간의 실업률 격차가 제일 큰 시기는 2009년도이다.

ⓔ 2008년에서 2009년으로 넘어갈 때 평균 실업률이 다른 기간보다 크게 감소하였다.

ⓜ 2014년의 실업률은 성별간의 격차가 없다.

① ⊙ⓒ   ② ⊙ⓒ

③ ⓒⓒ   ④ ⓒⓜ

⑤ ⓒⓜ

4 다음은 아프리카연합의 평화유지활동 임무단에 대한 자료이다. 2021년 5월까지 9개의 임무단의 평화유지활동을 정리한 표이다. 다음 자료에 대한 설명으로 옳지 않은 것은?

〈임무단의 평화유지활동(2021년 5월 기준)〉

(단위: 명)

임무단	파견지	활동기간	주요 임무	파견규모
부룬디 임무단	부룬디	2003. 4. ~ 2004. 6.	평화협정 이행 지원	3,128
수단 임무단	수단	2004. 10. ~ 2007. 12.	다르푸르 지역 정전 감시	300
코모로 선거감시 지원 임무단	코모로	2006. 3. ~ 2006. 6.	코모로 대통령 선거 감시	462
소말리아 임무단	소말리아	2007. 1. ~ 현재	구호 활동 지원	6,000
코모로 치안 지원 임무단	코모로	2007. 5. ~ 2008. 10.	앙주앙 섬 치안 지원	350
다르푸르 지역 임무단	수단	2007. 7. ~ 현재	민간인 보호	6,000
우간다 임무단	우간다	2012. 3. ~ 현재	반군 소탕작전	3,350
말리 임무단	말리	2012. 12. ~ 2013. 7.	정부 지원	1,450
중앙아프리카 공화국 임무단	중앙아프리카 공화국	2013. 12. ~ 2014. 9.	안정 유지	5,961

① 평화유지활동 임무단의 평균 파견규모는 3,000여명이다.

② 코모로 선거감시 지원 임무단이 가장 짧은 기간 활동하였다.

③ 아프리카연합이 현재까지 평화유지활동을 위해 파견한 임무단의 총규모는 25,000명 이상이다.

④ 수단과 코모로에서는 각각 2개의 임무단이 활동하였다.

⑤ 2007년 10월 기준 평화유지활동을 수행 중인 임무단은 5곳이다.

5 다음은 특정 시점 우리나라의 거처 유형별 신혼부부의 주거형태를 나타낸 자료이다. 다세대 주택에 거주하는 신혼부부의 수가 가장 많은 시기는 신혼 몇 년차인가?

구분	합계(쌍)	단독주택 (%)	공동주택(%)				기타 (%)
			소계	아파트	연립주택	다세대주택	
5년차	236,029	15.2	81.9	70.8	2.0	9.1	2.9
4년차	238,595	15.7	81.0	69.1	2.0	9.9	3.3
3년차	231,115	17.0	79.0	66.5	2.0	10.5	4.0
2년차	225,760	18.7	76.4	62.8	2.0	11.6	4.9
1년차	219,632	21.7	71.3	56.9	2.0	12.4	7.0

① 1년차 ② 2년차
③ 3년차 ④ 4년차
⑤ 5년차

6 다음은 A ~ H 지역의 화물 지역 내/지역 간 이동 현황에 관한 자료이다. 이에 대한 설명 중 옳지 않은 것은?

〈화물의 지역 내/지역 간 이동 현황〉

(단위: 개)

도착 지역 출발 지역	A	B	C	D	E	F	G	H	합
A	65	121	54	52	172	198	226	89	977
B	56	152	61	55	172	164	214	70	944
C	29	47	30	22	62	61	85	30	366
D	24	61	30	37	82	80	113	45	472
E	61	112	54	47	187	150	202	72	885
F	50	87	38	41	120	188	150	55	729
G	78	151	83	73	227	208	359	115	1,294
H	27	66	31	28	94	81	116	46	489
계	390	797	381	355	1,116	1,130	1,465	522	6,156

※ 출발 지역과 도착 지역이 동일한 경우는 해당 지역 내에서 화물이 이동한 것임.

① 도착화물보다 출발화물이 많은 지역은 3곳이다.

② 지역 내 이동 화물을 제외하면 출발화물과 도착화물의 합이 가장 작은 지역은 출발화물과 도착 화물의 차이도 가장 작다.

③ 도착 화물이 가장 많은 지역은 출발 화물 중 지역 내 이동 화물의 비중도 가장 크다.

④ 지역 내 이동 화물이 가장 적은 지역은 도착화물도 가장 적다

⑤ 출발화물이 가장 적은 지역은 지역 내의 도착화물도 적다.

7 다음은 2016 ~ 2020년 동안 주요 국가의 연도별 이산화탄소 배출량이다. 다음 자료에 대한 분석으로 옳은 것은?

<주요 국가 연도별 이산화탄소 배출량>

단위 : 백 만 TC(탄소톤)

구분	2016	2017	2018	2019	2020
중국	2,244	3,077	5,103	6,071	6,877
미국	4,868	5,698	5,771	5,762	5,195
인도	582	972	1,160	1,357	1,585
러시아	2,178	1,505	1,516	1,578	1,532
일본	1,064	1,184	1,220	1,242	1,092
독일	950	827	811	800	750
이란	179	316	426	500	533
캐나다	432	532	558	568	520
한국	229	437	467	490	515
영국	549	523	533	521	465

① 2016년에서 2020년의 이산화탄소 배출량 증감률은 50% 이상이다.

② 2016 ~ 2020년도 사이에 이산화탄소 배출량이 가장 높은 국가는 중국이다.

③ 이산화탄소 배출량에 제일 높은 국가와 제일 낮은 국가는 80% 이하로 차이가 난다.

④ 2016 ~ 2020년도 사이에 독일의 배출량 평균은 2016년 평균보다 높다.

⑤ 2016 ~ 2020년도 사이에 배출량이 제일 높은 연도는 2020년이다.

8 다음은 플라스틱 제품 제조 공정도이다. 1,000kg의 재료가 혼합공정에서 투입될 때 폐기처리 공장에 투입되는 재료의 총량 몇 kg인가?

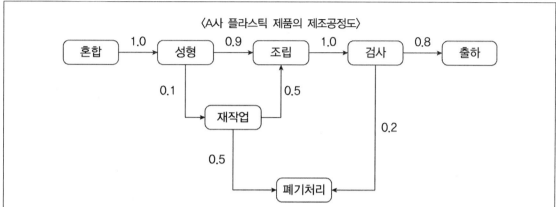

〈A사 플라스틱 제품의 제조공정도〉

제조공정도 내 수치는 직진율(= 다음 공정에 전달되는 재료의 양/해당 공정에 투입되는 재료의 양)을 의미한다.

예를 들어, 가 ─0.2→ 나 는 해당 공정 '가'에 100 kg의 재료가 투입되면 이 중 20 kg (= 100 kg × 0.2)의 재료가 다음 공정 '나'에 전달되어 투입되는 것이다.

① 100
② 190
③ 230
④ 240
⑤ 260

9 다음은 A ~ E의 중간고사 과목에 대한 자료이다. 다음 자료에 대한 설명으로 옳지 않은 것은?

〈중간고사 3개 과목 점수표〉

(단위: 점)

과목 \ 학생 성별	A 남	B 여	C ( )	D 여	E 남
국어	90	85	60	95	75
영어	90	85	100	65	100
수학	75	70	85	100	100

① 국어 평균점수는 80점 이상이다.

② 3개 과목 평균 점수가 가장 높은 학생과 가장 낮은 학생의 평균 점수 차이는 10점 이하이다.

③ 국어, 영어, 수학 점수에 각각 0.4, 0.2, 0.4의 가중치를 곱한 점수의 합이 가장 큰 학생은 D이다.

④ A ~ E의 수학 평균점수는 남학생이 여학생보다 높다.

⑤ A ~ E의 평균이 제일 높은 과목과 낮은 과목의 점수차이는 5점 이상이다.

10 S공단의 기업유형별 직업교육 인원에 대한 지원비용 기준이 다음과 같다. 대규모기업 집단에 속하는 A사의 양성훈련 필요 예산이 총 1억 3,000만 원일 경우, S공단으로부터 지원받을 수 있는 비용은 얼마인가?

기업구분	훈련구분	지원비율
우선지원대상기업	향상, 양성훈련 등	100%
대규모기업	향상, 양성훈련	60%
	비정규직대상훈련/전직훈련	70%
상시근로자 1,000인 이상 대규모 기업	향상, 양성훈련	50%
	비정규직대상훈련/전직훈련	70%

① 5,600만 원   ② 6,200만 원

③ 7,800만 원   ④ 8,200만 원

⑤ 8,600만 원

11 광역시 시설기준 미달가구의 비율 대비 수도권 시설기준 미달가구의 비율 배수와 저소득층 침실기준 미달가구의 비율 대비 중소득층 침실기준 미달가구의 비율 배수는 각각 얼마인가? (반올림하여 소수 둘째 자리까지 표시함)

① 1.52배, 1.64배

② 1.58배, 1.59배

③ 1.66배, 1.37배

④ 1.72배, 1.28배

⑤ 1.78배, 1.22배

12 다음은 특정 시점 우리나라 기업의 사업 변동 현황을 나타낸 자료이다. 자료를 참고할 때, 경기 불황으로 주력사업을 축소한 기업의 수가 해당 시점 우리나라 전체 기업 수에서 차지하는 비중은 얼마인가? (단, 모든 기업의 수는 소수점 이하 절사하여 정수 단위로 표시함)

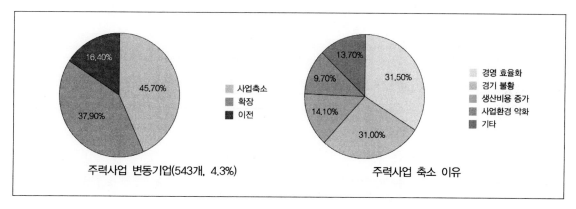

① 약 0.3%

② 약 0.4%

③ 약 0.5%

④ 약 0.6%

⑤ 약 0.7%

13 다음은 2020년도 '인재 경쟁력 지수'에 의한 국가 순위를 나타낸 자료이다. 다음 자료를 참고할 때, 2020년 도에 10위권 내에 새롭게 진입한 국가의 수와 전년도 10위권 내에서 이탈한 국가의 수는 각각 몇 개인가?

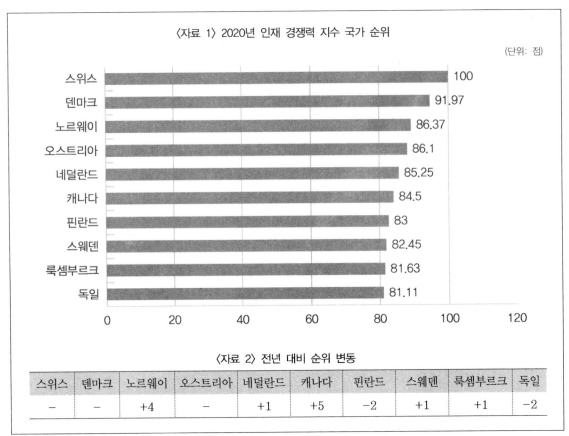

〈자료 1〉 2020년 인재 경쟁력 지수 국가 순위

(단위: 점)

국가	점수
스위스	100
덴마크	91.97
노르웨이	86.37
오스트리아	86.1
네덜란드	85.25
캐나다	84.5
핀란드	83
스웨덴	82.45
룩셈부르크	81.63
독일	81.11

〈자료 2〉 전년 대비 순위 변동

스위스	덴마크	노르웨이	오스트리아	네덜란드	캐나다	핀란드	스웨덴	룩셈부르크	독일
−	−	+4	−	+1	+5	−2	+1	+1	−2

① 2개, 2개

② 1개, 1개

③ 2개, 1개

④ 1개, 2개

⑤ 2개, 0개

14 다음 자료에 대한 올바른 설명이 아닌 것은 어느 것인가?

(단위: 천 명, %)

연 령	15~54세 기혼여성 (A)	비취업 여성(B)		경력단절여성(C)		
			비율 (B/A)		비율 (C/A)	비율 (C/B)
전 체	9,053	3,535	39.1	1,812	20.0	51.3
15~29세	464	239	51.4	147	31.6	61.5
30~39세	2,746	1,288	46.9	928	33.8	72.1
40~49세	3,836	1,345	35.0	590	15.4	43.9
50~54세	2,007	665	33.1	147	7.3	22.2

① 경력단절 여성은 30대에서 가장 많은 수가 나타나고 있다.

② 연령대별 기혼 여성에서 경력단절 여성이 차지하는 비중과 비취업 여성에서 경력단절 여성이 차지하는 비중은 모두 30대에서 가장 높다.

③ 비취업 여성과 경력단절 여성의 수는 모두 30대에서 가장 많다.

④ 연령대별 기혼여성에서 비취업 여성이 차지하는 비중은 연령대가 높아질수록 더 작아진다.

⑤ 30세 이후부터는 기혼여성 중 비취업 여성의 수가 취업 여성의 수보다 더 작다.

15 다음은 연예인 주식부자의 보유 주식 가치를 비교한 자료이다. 다음 자료에 대한 올바른 설명을 〈보기〉에서 모두 고른 것은 어느 것인가?

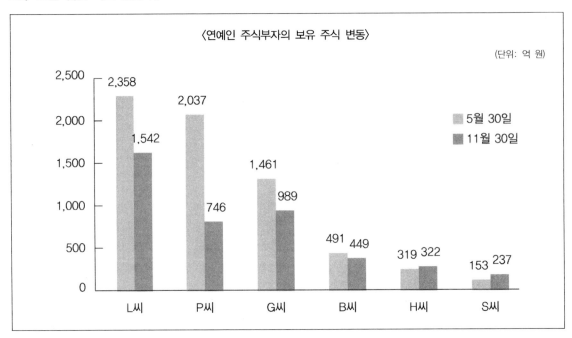

〈연예인 주식부자의 보유 주식 변동〉

(단위: 억 원)

〈보기〉

㉠ 5월 30일 대비 11월 30일에 가장 큰 증감률을 보인 사람은 S씨이다.

㉡ 5월 30일 대비 11월 30일에 가장 큰 증감액을 보인 사람은 P씨이다.

㉢ 6명 중 보유 주식 가치 상위 3명의 주식 가치가 차지하는 비중은 5월 30일 대비 11월 30일에 더 낮아졌다.

㉣ 11월 30일의 6명의 총 보유 주식 가치는 6개월 전보다 3,000억 원 이상 감소하였다.

① ㉠㉣
② ㉠㉢
③ ㉡㉢
④ ㉡㉣
⑤ ㉢㉣

16 의료 관광관련 종사자의 자격취득 시험 결과가 다음과 같다. 다음 보기에 제시된 업종 중 가장 높은 합격률을 보이는 것은 어느 것인가?

업종	연도	원서접수인원	최종응시인원	최종합격인원
간호사	2009	12,703	12,509	11,717
	2008	12,726	12,542	11,333
	2007	13,176	13,005	11,956
의무기록사	2009	2,210	2,037	1,036
	2008	2,267	2,075	822
	2007	2,107	1,875	1,247
관광통역안내사	2009	1,113	1,009	337
	2008	1,039	919	297
	2007	1,105	933	306

※ 합격률은 자격취득 시험을 치른 사람 중 최종 합격한 사람의 비중을 의미한다.

① 2009년의 의무기록사
② 2009년의 관광통역안내사
③ 2008년의 의무기록사
④ 2008년의 관광통역안내사
⑤ 2007년의 의무기록사

17 다음은 성인 남녀 1천 명을 대상으로 실시한 에너지원별 국민인식 조사 결과이다. 다음 자료를 올바르게 해석한 것은 어느 것인가?

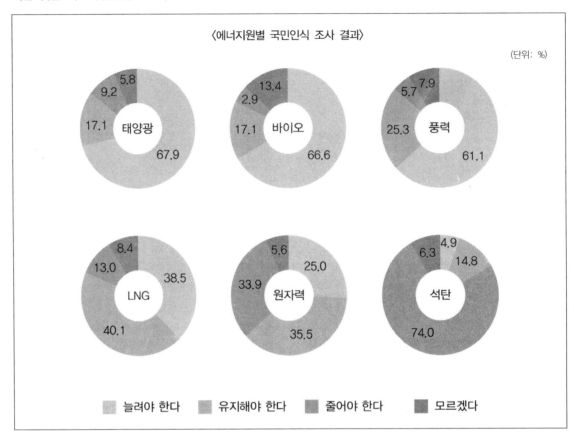

① 모든 에너지원에 대하여 줄여야 한다는 의견이 압도적으로 많다.

② 유지하거나 늘려야 한다는 의견은 모든 에너지원에서 절반 이상을 차지한다.

③ 한 가지 의견이 절반 이상의 비중을 차지하는 에너지원은 모두 4개이다.

④ 늘려야 한다는 의견이 더 많은 에너지원일수록 줄여야 한다는 의견도 더 많다.

⑤ 태양광과 석탄은 '모르겠다.'고 응답한 의견도 가장 적다.

18 다음은 통신사 甲, 乙, 丙의 스마트폰 소매가격 및 평가점수 자료이다. 이에 대한 〈보기〉의 설명 중 옳은 것을 모두 고르면?

〈통신사별 스마트폰의 소매가격 및 평가점수〉

(단위 : 달러, 점)

통신사	스마트폰	소매가격	평가항목					종합품질점수
			화질	내비게이션	멀티미디어	배터리수명	통화성능	
甲	a	150	3	3	3	3	1	13
	b	200	2	2	3	1	2	10
	c	200	3	3	3	1	1	11
乙	d	180	3	3	3	2	1	12
	e	100	2	3	3	2	1	11
	f	70	2	1	3	2	1	9
丙	g	200	3	3	3	2	2	13
	h	50	3	2	3	2	1	11
	i	150	3	2	2	3	2	12

〈보기〉
㉠ 소매가격이 200달러인 스마트폰 중 '종합품질점수'가 가장 높은 스마트폰은 c이다.
㉡ 소매가격이 가장 낮은 스마트폰은 '종합품질점수'도 가장 낮다.
㉢ 통신사 각각에 대해서 해당 통신사 스마트폰의 '통화성능' 평가점수의 평균을 계산하여 통신사별로 비교하면 丙이 가장 높다.
㉣ 평가항목 각각에 대해서 스마트폰 a ~ i 평가점수의 합을 계산하여 평가항목별로 비교하면 '멀티미디어'가 가장 높다.

① ㉠㉡
② ㉡㉢
③ ㉡㉣
④ ㉢㉣
④ ㉠㉣

[19 ~ 20] 다음 A 지역에서 파악한 농촌의 유소년, 생산연령, 고령인구 연도별 추이 조사 자료이다. 이를 보고 이어지는 물음에 답하시오.

(단위 : 천 명, %)

구분		2005	2010	2015	2020
농촌	합계	9,343	8,705	8,627	9,015
	유소년	1,742	1,496	1,286	1,130
	생산연령	6,231	5,590	5,534	5,954
	고령	1,370	1,619	1,807	1,931
- 읍	소계	3,742	3,923	4,149	4,468
	유소년	836	832	765	703
	생산연령	2,549	2,628	2,824	3,105
	고령	357	463	560	660
- 면	소계	5,601	4,782	4,478	4,547
	유소년	906	664	521	427
	생산연령	3,682	2,962	2,710	2,849
	고령	1,013	1,156	1,247	1,271

19 다음 중 농촌 전체 유소년, 생산연령, 고령인구의 2005년 대비 2020년의 증감률을 각각 순서대로 올바르게 나열한 것은 어느 것인가?

① 약 35.1%, 약 4.4%, 약 40.9% ② 약 33.1%, 약 4.9%, 약 38.5%

③ 약 -37.2%, 약 -3.8%, 약 42.5% ④ 약 -35.1%, 약 -4.4%, 약 40.9%

⑤ 약 -33.1%, 약 -4.9%, 약 38.5%

20 다음 중 위의 자료를 올바르게 해석하지 못한 것은 어느 것인가?

① 유소년 인구는 읍과 면 지역에서 모두 지속적으로 감소하였다.

② 생산연령 인구는 읍과 면 지역에서 모두 증가세를 보였다.

③ 고령인구의 지속적 증가로 노령화 지수는 지속 상승하였다.

④ 농촌의 전체 인구는 면 지역의 생산연령 인구와 증감 추이가 동일하다.

⑤ 읍 지역의 고령인구는 면 지역의 고령 인구보다 2005년 대비 2020년의 증감률이 더 크다.

2 추리

[1 ~ 3] 다음 조건을 읽고 옳은 설명을 고르시오.

1

- A, B, C 3명이 아래와 같이 진술하였다.
- A : 우리 중 한 사람만 진실을 말한다.
- B : 우리 모두 거짓말을 한다.
- C : 우리 모두 진실을 말한다.

A : A는 거짓말을 했다.
B : B는 거짓말을 했다.

① A만 옳다.　　　　　　　　　② B만 옳다.
③ A와 B 모두 옳다.　　　　　　④ A와 B 모두 그르다.
⑤ A와 B 모두 옳은지 그른지 알 수 없다.

2

- A군이 제일 처음 여행할 나라는 영국이다.
- A군이 프랑스에 간다면 영국에는 가지 않는다.
- A군이 프랑스에 가거나 독일에 간다.
- A군이 스위스에 가지 않는다면 독일에도 가지 않는다.
- A군이 독일에 가고 이탈리아에 간다.

A : A군은 프랑스를 여행하게 된다.
B : A군은 독일을 여행하게 된다.

① A만 옳다.　　　　　　　　　② B만 옳다.
③ A와 B 모두 옳다.　　　　　　④ A와 B 모두 그르다.
⑤ A와 B 모두 옳은지 그른지 알 수 없다.

3

- 대회에 참가하는 팀은 총 6팀이다.
- 각 팀은 다른 모든 팀과 한 번씩 경기를 한다.
- C팀의 최종 성적은 3승 2패이다.
- C팀과의 경기를 제외한 5팀 간의 경기는 모두 무승부이다.
- 기존의 승점제는 승리시 2점, 무승부시 1점, 패배시 0점을 부여한다.
- 새로운 승점제는 승리시 3점, 무승부시 1점, 패배시 0점을 부여한다.

A : 새로운 승점제에 따르면 C팀은 1위가 된다.
B : C팀의 점수는 기존의 승점제에 따르면 9점이다.

① A만 옳다.
② B만 옳다.
③ A와 B 모두 옳다.
④ A와 B 모두 그르다.
⑤ A와 B 모두 옳은지 그른지 알 수 없다.

4 A ~ E 5명이서 마니또 게임을 하려고 한다. 甲이 乙에게 선물을 주었을 때 '甲은 乙을 마니또이다' 라고 하기로 약속했고, 다음과 같이 마니또 관계가 성립되었다. 이후 이들은 〈규칙〉에 따라 추가로 '마니또' 관계를 맺었다. 이들 외에 다른 사람들은 마니또에 참여하지 않는다고 할 때 옳지 않은 것은?

- A는 B의 마니또이다.
- B는 C의 마니또이다.
- C는 D의 마니또이다.
- D는 B와 E의 마니또이다.

〈규칙〉
- 甲이 乙의 마니또이고 乙이 丙의 마니또이면 甲은 丙의 마니또이다.
- 甲이 乙의 마니또일 때, 乙이 자기 자신의 마니또인 경우에는 乙이 甲의 마니또가 될 수 있고 그렇지 않은 경우에는 乙이 甲의 마니또가 될 수 없다.

① A는 B, C, D, E의 마니또이다.
② B는 A의 마니또가 될 수 있다.
③ C는 자기 자신의 마니또이다.
④ E는 A의 마니또가 될 수 있다.
⑤ D의 마니또와 C의 마니또는 동일하다.

5 다음의 〈내용〉이 모두 참일 때, 결론이 타당하기 위해 필요한 진술은?

〈내용〉
㉠ 자동차는 1번 도로를 지나왔다면 이 자동차는 A마을에서 왔거나 B마을에서 왔다.
㉡ 자동차가 A마을에서 왔다면 자동차 밑바닥에 흙탕물이 튀었을 것이다.
㉢ 자동차가 A마을에서 왔다면 자동차의 모습을 담은 폐쇄회로 카메라가 적어도 하나가 있을 것이다.
㉣ 자동차가 B마을에서 왔다면 도로 정체를 만났을 것이고 적어도 한 곳의 검문소를 통과했을 것이다.
㉤ 자동차가 도로 정체를 만났다면 자동차의 모습을 닮은 폐쇄회로 카메라가 적어도 하나가 있을 것이다.
㉥ 자동차가 적어도 검문소 한 곳을 통과했다면 자동차 밑바닥에 흙탕물이 튀었을 것이다.
∴ 따라서 자동차는 1번 도로를 지나오지 않았다.

① 자동차 밑바닥에 흙탕물이 튀었을 것이다.
② 자동차는 도로 정체를 만나지 않았을 것이다.
③ 자동차는 적어도 검문소 한 곳을 통과했을 것이다.
④ 자동차는 검문소를 한 곳도 통과하지 않았을 것이다.
⑤ 자동차 모습을 담은 폐쇄회로 카메라는 하나도 없을 것이다.

6 甲, 乙, 丙, 丁국에 대한 다음의 〈조건〉으로부터 추론할 수 있는 것은?

〈조건〉
㉠ 이들 나라는 시대 순으로 연이어 존재했다.
㉡ 네 나라의 수도는 각각 달랐는데 관주, 금주, 평주, 한주 중 어느 하나였다.
㉢ 한주가 수도인 나라는 평주가 수도인 나라의 바로 전 시기에 있었다.
㉣ 금주가 수도인 나라는 관주가 수도인 나라의 바로 다음 시기에 있었으나, 丁보다는 이전 시기에 있었다.
㉤ 丙은 가장 먼저 있었던 나라는 아니지만, 甲 보다는 이전 시기에 있었다.
㉥ 丙과 丁은 시대순으로 볼 때 연이어 존재하지 않았다.

① 금주는 甲의 수도이다.
② 관주는 丙의 수도이다.
③ 평주는 丁의 수도이다.
④ 乙은 甲의 다음 시기에 존재하였다.
⑤ 한주가 수도인 나라가 가장 오래되었다.

7 토익 학원에서 만난 5명(A ~ E)의 나이는 모두 다르다. 그들의 나이가 〈보기〉에 제시된 내용과 같을 때, 이들 중 두 번째로 나이가 많은 사람은?

〈보기〉

㉠ A와 B의 나이는 5살 차이이다.

㉡ B는 E보다 3살 연하이다.

㉢ C는 D보다 4살 연상이다.

㉣ D와 A는 2살 차이이다.

㉤ 제일 나이가 많은 사람과 제일 나이가 적은 사람은 8살 차이이다.

① A
② B
③ C
④ D
⑤ E

8 신입 직원 甲, 乙, 丙, 丁, 戊가 기획과, 인력과, 총무과 가운데 어느 한 부서에 배치될 예정이다. 다음 진술들이 참일 때, 반드시 참인 것은?

• 甲이 총무과에 배치되면, 乙은 기획과에 배치된다.
• 乙이 기획과에 배치되면, 丁은 인력과에 배치되지 않는다.
• 丙이 총무과에 배치되면, 戊는 기획과에 배치되지 않는다.
• 丙이 총무과에 배치되지 않으면, 丁은 인력과에 배치된다.
• 丁이 인력과에 배치되지 않으면, 戊는 기획과에 배치된다.

① 甲은 총무과에 배치되지 않는다.

② 乙은 총무과에 배치된다.

③ 丙은 기획과에 배치된다.

④ 丁은 인력과에 배치되지 않는다.

⑤ 戊는 총무과에 배치된다.

9

전제 1: 원숭이는 익은 바나나만을 좋아한다.
전제2 : _____
결 론 : 원숭이는 작은 바나나를 좋아하지 않는다.

① 작은 바나나는 익지 않았다.
② 큰 바나나는 맛있다.
③ 작지 않은 바나나는 익지 않았다.
④ 어떤 원숭이는 작은 바나나를 좋아한다.
⑤ 어떤 원숭이는 바나나를 먹지 않는다.

10

전제1 : 베테랑 선수는 골을 많이 넣은 선수이다.
전제2 : _____
결 론 : 베테랑 선수는 팀에 공헌도가 높다.

① 신인 선수는 팀에 공헌도가 높지 않다
② 팀에 공헌도가 높지 않은 선수는 골을 많이 넣지 못한 선수이다.
③ 골을 많이 넣은 선수가 신인 선수일 수도 있다.
④ 골을 많이 넣은 선수는 팀에 공헌도가 높지 않다
⑤ 팀에 공헌도가 높은 선수는 신인 선수이다.

11 다음 〈조건〉과 〈정보〉를 근거로 판단할 때, 곶감의 위치와 착한 호랑이, 나쁜 호랑이의 조합으로 가능한 것은?

〈조건〉

- 착한 호랑이는 2마리이고, 나쁜 호랑이는 3마리로 총 5마리의 호랑이(甲 ~ 戊)가 있다.
- 착한 호랑이는 참말만 하고, 나쁜 호랑이는 거짓말만 한다.
- 곶감은 꿀단지, 아궁이, 소쿠리 중 한 곳에만 있다.

〈정보〉

甲 : 곶감은 아궁이에 있지.

乙 : 여기서 나만 곶감의 위치를 알아.

丙 : 甲은 나쁜 호랑이야.

丁 : 나는 곶감이 어디 있는지 알지.

戊 : 곶감은 꿀단지에 있어.

	곶감의 위치	착한 호랑이	나쁜 호랑이
①	꿀단지	戊	丙
②	소쿠리	丁	乙
③	소쿠리	乙	丙
④	아궁이	丙	戊
⑤	아궁이	甲	丁

12 어느 농촌 마을에 참외가 사라지는 사건이 발생했다. 두 명은 거짓을 이야기하고, 세 명은 진실을 이야기하고 있다면 참외를 훔쳐간 범인은 누구인가?

A : 나는 참외를 훔쳐갈 때, C와 함께 참외밭이 아닌 다른 장소에 있었다.

B : 나와 C, 그리고 E는 범인을 보았다.

C : E가 참외를 훔쳤다. B의 말은 진실이다.

D : B는 범인이 아니다. A의 말은 진실이다.

E : 참외를 훔쳐가는 범인을 본 사람은 2명이다.

① A   ② B

③ C   ④ D

⑤ E

13 엔터테인먼트는 신작 뮤지컬 영화의 주연 배우를 오디션을 통해 선발하려 한다. 배우의 '연기력, 가창력, 외모'라는 3요소를 평가하여 다음 제시된 ㉠ ~ ㉣의 〈평가기준〉으로 합격 여부를 결정한다. 제시된 〈평가기준〉으로 도출할 수 있는 내용으로 가장 적절한 것은?

〈평가기준〉
㉠ 연기력과 가창력이 떨어지지만 외모가 뛰어날 경우 → 불합격
㉡ 가창력과 외모가 떨어지지만 연기력이 뛰어날 경우 → 합격
㉢ 외모와 연기력이 떨어지지만 가창력이 뛰어날 경우 → 불합격
㉣ 연기력은 떨어지지만 가창력과 외모가 뛰어날 경우 → 합격

① 평가 요소에서 외모는 전혀 중시되고 있지 않다.

② 배우의 연기력, 가창력, 외모 순서로 중시하고 있다.

③ 평가 요소 중 외모를 가장 중시하고 있는데, 연기력과 가창력 중 어느 것을 더 중시하는지는 알 수 없다.

④ 평가 요소 중 가창력과 외모를 연기력보다 중시하고 있는데, 가창력과 외모 중 어느 쪽을 중시하고 있는지는 알 수 없다.

⑤ 평가 요소 중 연기력을 가장 중시하고 있는데 가창력과 외모 중 어느 쪽을 중시하고 있는지는 알 수 없다.

14 다음 상황에서 옳은 것은?

원주민과 이주민이 섞여서 살고 있는 어떤 마을에 여행객이 찾아왔다. 원주민은 항상 진실만을 말하고, 이주민은 항상 거짓만을 말한다고 한다. 여행객이 젊은이에게 "당신은 원주민입니까?"라고 물었을 때 젊은이는 자신이 원주민이 맞다고 대답했다. 그러자 옆에 있던 노파가 젊은이는 거짓말을 하고 있다고 말했고, 모자를 쓴 할아버지는 노파의 말이 맞다고 이야기 했다.

① 젊은이와 노파, 할아버지 중 한 명만 원주민이라면 원주민은 노파이다.

② 노파가 원주민이면 할아버지는 이주민이다.

③ 젊은이와 노파, 할아버지는 모두 원주민이다.

④ 노파와 할아버지는 둘 다 원주민이거나 이주민이다.

⑤ 젊은이와 노파, 할아버지 중 두 명이 이주민이다.

[15 ～ 16] 다음의 관계를 유추하여 (　) 안에 들어갈 단어로 적절한 것을 고르시오.

15

> 흐놀다 : 그리워하다 = (　) : 적빈하다

① 옹색하다　　　　　　　② 암팡스럽다
③ 덜퍽지다　　　　　　　④ 헌칠하다
⑤ 퇴락하다

16

> 섬유 : (　) = 아시아 : 대한민국

① 수출　　　　　　　　　② 석유
③ 실크　　　　　　　　　④ 호출
⑤ 공장

[17 ~ 19] 다음 제시된 도형을 보고 "?"에 들어갈 도형으로 알맞은 것을 고르시오.

17

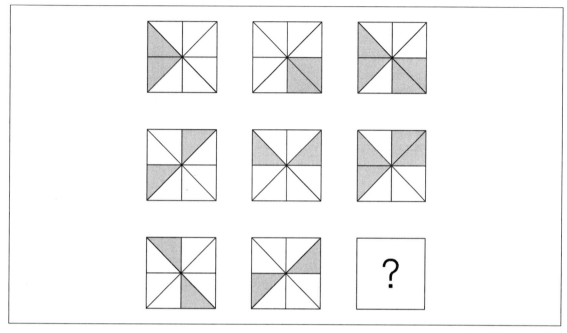

①

②

③

④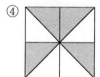

⑤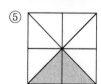

18

?

① ② ③ ④ ⑤

19

ㄱ	ㅁ	ㅋ
ㄴ	ㄹ	ㅂ
ㄷ	ㅅ	ㅊ

ㄴ	ㅂ	ㅌ
ㄹ	ㅂ	ㅇ
ㄴ	ㅂ	ㅈ

ㄷ	ㅅ	ㅍ
ㅂ	ㅇ	ㅊ
ㄱ	ㅁ	ㅇ

?

①

ㄹ	ㅇ	ㅎ
ㅅ	ㅈ	ㅋ
ㅎ	ㄷ	ㅅ

②

ㄹ	ㅇ	ㅎ
ㅇ	ㅊ	ㅌ
ㅎ	ㄹ	ㅅ

③

ㄹ	ㅇ	ㅎ
ㅇ	ㅈ	ㅋ
ㅎ	ㅁ	ㄴ

④

ㄹ	ㅇ	ㅎ
ㄴ	ㄹ	ㅂ
ㅎ	ㅂ	ㅈ

⑤

ㄴ	ㅎ	ㅅ
ㄴ	ㅇ	ㅈ
ㄷ	ㅂ	ㅊ

[20 ~ 23] 다음의 기호가 문자 배열을 바꾸는 규칙을 나타낸다고 할 때, "?"로 옳은 것을 고르시오.

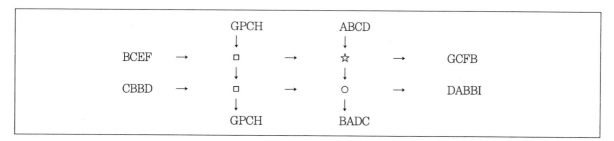

20

BBCD → □ → ○ → ?

① SEWM　　　　　　② EACA
③ ABCB　　　　　　④ BEFG
⑤ OKWP

21

BCED → ☆ → ○ → ?

① CBFC　　　　　　② ACED
③ CBCF　　　　　　④ BCCF
⑤ EFCB

22

CDBE → ○ → □ → ☆ → ?

① EBAC　　　　　　② CABE
③ BCED　　　　　　④ ABEC
⑤ ECCC

23

KOOH → ○ → ☆ → ☆ → ?

① KNOG　　　　　　② LLPG
③ LNPG　　　　　　④ MNQG
⑤ MMRH

24 다음 글을 통해 알 수 있는 내용은?

세계관이란 인간과 세계를 이해하는 일관된 견해로 세계관의 차이에 따라 도덕적인 삶을 살아가는 방법을 달리 제시하는 경우가 많다.

성리학은 이(理)와 기(氣)의 개념에 바탕을 둔 세계관을 통해 도덕적 삶의 방향을 제시한다. 이(理)는 인간을 포함한 만물에 내재된 보편적인 이치나 원리를 말한다. 이러한 이(理)는 모든 사물에 본성으로 내재한다. 특히 성리학에서는 모든 인간에게 보편적인 이치로서의 선한 본성이 선천적으로 내재되어 있다고 본다. 한편 성리학은 개개인의 도덕성을 현실에서 실현하는 데에 차이가 생겨나는 이유를 기(氣)에서 찾는다. 기는 개인마다 차이가 있는 것으로, 악으로 흐를 가능성이 있다고 보았다. 따라서 개인의 도덕성을 완성하기 위해서는 자칫 악으로 흐를 수 있는 기를 다스리기 위한 부단한 수양을 통해 순수한 본성이 오롯이 발현되는 경지에 이르는 것을 강조하였다. 이것을 위해 성리학에서는 내면에 대한 관조를 통해 경건한 마음의 상태를 유지하여 악으로 흐를 수 있는 기를 통제하고자 하였다.

실학자 정약용은 성선설에 바탕을 둔 기존의 성리학적 세계관을 비판하고, 인간의 본성을 선과 악을 구분하여 선을 좋아하고 악을 미워할 줄 아는 분별 능력을 갖춘 윤리적 욕구라고 말하며 새로운 인성론을 주창하였다. 인간에게는 선을 좋아하는 윤리적인 욕구만이 주어졌을 뿐이므로 선을 선택하고 지속적으로 선을 실천해야만 비로소 도덕성이 갖추어진다는 것이다. 즉 도덕성이란 선천적인 것이 아니라 구체적인 행위 속에서 이루어지는 것이며, 선에 대한 주체적인 선택과 지속적인 실천의 결과물이라는 것이다. 또한 이런 실천이 이루어질 때 선에 대한 욕구가 충족된다고 보았다. 그리고 정약용은 선의 실천이 나와 타인뿐만 아니라 외부 세계와의 관계에서도 이루어져야 한다고 생각했다.

실학자 최한기는 세계의 모든 존재는 기(氣)라는 보편적인 요소에 의해 형성되어 있다고 보았다. 모든 존재의 본성인 기는 시간과 공간을 초월하여 영원불변하는 것이 아니고, 그 자체에 선악이 존재하지도 않는다. 기는 끊임없이 활동하고 변화하는 것으로 외부 세계와 소통하면서 선악이 나타난다. 인간의 윤리도 기의 운동과 변화에 합치되면 선하고 도덕적인 것이고, 그렇지 않으면 악이 된다. 인간은 감각 기관을 통해 외부 세계를 경험하여 이것을 바탕으로 지각을 형성하며 이런 지각은 추측에 의해 확장된다. '추측'은 논리적인 추론뿐만 아니라 사회적 관계에서 이루어지는 다양한 윤리적 공부나 실천과 같은 경험적인 부분을 포괄하는 개념이다. 인간이 올바른 추측을 통해 외부 세계와 소통하게 될 때 그것이 선이 되고 그렇지 않으면 악이 된다. 추측을 바르게 하지 못해 외부 세계와 소통이 제대로 되지 않았을 때는 자기 내면이 아니라 외부 세계의 운동과 변화를 제대로 파악해야 한다. 이처럼 최한기는 외부의 사물이나 사태에 대한 올바른 추측과 부단한 소통으로 도덕성이 실현되는 공동체의 세계를 지향했다고 볼 수 있다.

결국 성리학은 형이상학적인 세계관을 바탕으로 내면적 수양을 강조하였으며, 정약용과 최한기는 실천과 소통을 중시하는 경험주의적 세계관을 토대로 후천적인 노력을 통해 도덕성을 실현하고자 하였다.

① 성리학은 경험주의적 세계관을 토대로 형성되었다.
② 성리학에서는 본성은 후천적으로 형성되는 것이라고 보았다.
③ 성리학에서와 달리 최한기는 본성을 절대 선한 것으로 보았다.
④ 성리학에서는 기는 악으로 흐를 수 있는 가능성이 있다고 보았다.
⑤ 성리학에서는 개개인의 도덕성의 차이가 이(理)의 개별적 속성 때문에 생긴다고 보았다.

[25 ～ 26] 제시된 글을 읽고 물음에 답하시오.

한글 창제 후 다양한 방식으로 한글과 한자를 섞어 쓰게 됨으로써 우리나라의 문자 생활사에는 큰 변화가 일어났다. 이러한 변화는 서적의 간행에 영향을 미쳤는데, 서적을 간행할 때에 서적의 내용과 간행 목적에 따라 예상 독자층을 상정하고 그들에게 적합한 방식으로 한글과 한자를 섞어 쓰게 되었다.

한글 창제 직후 간행된 「용비어천가」, 「월인천강지곡」, 「석보상절」은 모두 한글과 한자를 섞어 표기하였다. 하지만 세 문헌은 구체적인 표기방식에 차이가 있는데, 이는 상정한 예상 독자가 달랐기 때문이다.

「용비어천가」는 '海東六龍이 ᄂᆞᄅᆞ샤'에서와 같이 한글과 한자를 혼용하였다. 이것은 한자와 한문을 많이 아는 사람을 주요 독자층으로 상정했기 때문이다. 이와 달리 「월인천강지곡」은 '솅世존尊'에서처럼 해당 한자음에 한자를 병행하여 적었고, 「석보상절」은 '世솅尊존'에서처럼 해당 한자에 한자음을 병행하여 적었다. 「월인천강지곡」과 「석보상절」에는 공통적으로 동국정운식 한자음이 사용되었다. 하지만 이것은 당시 우리나라에서 발음되지 않는 한자음을 표기하려 했기 때문에 현실적으로 수용되지 않았다. 「월인천강지곡」과 「석보상절」은 한자를 아는 사람뿐만 아니라 한자를 모르는 사람들까지도 독자층으로 상정하였다는 점에서는 같지만 누구를 주된 독자층으로 상정하느냐에 따라 구체적인 표기방식이 달랐다. 「월인천강지곡」은 한자를 잘 모르는 독자, 즉 한글 창제를 통해 새로 확보하게 될 독자들을 우선적으로 고려한 방식으로 간행된 것이다.

앞의 세 문헌보다 후대에 간행된 「두시언해」와 「백련초해」도 한글과 한자를 섞어 쓰는 방식에 서로 차이를 보인다. 성종 때 간행된 「두시언해」는 두보의 한시를 한글로 번역한 책인데, '東녀그로 萬里예'에서 보듯 한글과 한자를 혼용하는 방식을 채택하고 있다. 그 이유는 「두시언해」가 두보의 시를 한문으로도 향유할 수 있는 사람들을 독자로 상정하였기 때문이다. 그러나 「백련초해」는 원문의 시는 한자로 적고 각 한자에 한글로 음과 훈을 달았으며, 번역문은 순 한글로 적고 있다. 이는 한자를 모르는 아동을 독자로 상정하였기 때문이다. 「백련초해」의 번역문은 독자층을 적극적으로 고려하여 순 한글로만 적는 표기방식을 채택했다는 점에서 주목된다.

25 윗글의 전개방식으로 적절한 것은?

① 한글 창제 이후 서적들의 표기방식이 예상독자에 따라 어떻게 달랐는지 비교하고 있다.

② 다양한 서적들의 표기방식과 내용, 표현방법 등 다양한 부분을 비교하여 설명하고 있다.

③ 한글 창제 이후에 나타난 변화에 대하여 시간적 순서에 따라 서술하고 있다.

④ 독자층에 따라 서적을 읽는 방식을 비교하여 설명하고 있다.

⑤ 여러 서적을 비교하여 가장 뛰어난 서적에 대한 결론을 내리고 있다.

26 윗글의 내용과 일치하지 않는 것은?

① 「월인천강지곡」과 「석보상절」에 사용된 한자음 표기방식은 현실적으로 수용되지 않았다.

② 한글 창제 후 서적을 간행할 때 예상 독자층에 맞추어 다양한 표기방식을 사용하였다.

③ 「용비어천가」에서는 '衆줗生싱'과 같이 표기하였다.

④ 「용비어천가」와 「두시언해」는 한자를 잘 아는 사람들을 독자층으로 상정하였다.

⑤ 「월인천강지곡」과 「백련초해」는 한자를 모르는 독자들을 고려한 방식으로 표기하였다.

27 다음 글의 제목으로 가장 적절한 것은?

1405년 중국 명나라의 정화는 67척의 배에 2만 8천 명의 인원을 태운 대함대를 거느리고 참파, 자와, 수마트라, 실론 등을 거쳐 인도의 캘리컷에 도착하였다. 그는 항해를 계속하여 페르시아와 아라비아 반도를 거쳐 아프리카 동해안의 말린디, 몸바사 등지까지 갔다. 중국의 비단과 도자기는 인기가 높아 가는 곳마다 환영을 받았다.

이후에도 정화는 6차례나 인도양을 오가며 조공 무역을 추진하기 위해 활발한 활동을 하였다. 그 결과 바닷길이 발달하고, 명에 조공을 바치게 된 나라가 30여 개국에 달하게 되었다. 또 정화의 원정에 수행한 비신의 「성라승람」, 공진의 「서양번국지」 등의 견문기를 통해 중국인의 지리적 지식이 인도로부터 아프리카 방면에까지 확대되었으며, 그 결과 동남아시아 각지에 진출하는 중국인의 수는 해마다 증가했다. 오늘날 동남아시아 화교 사회의 기초는 이들에 의해 구축되었다.

이슬람 상인에는 소매상, 육로를 이용한 대상 무역상인, 바닷길을 이용해 상선 무역에 종사하는 다지르 등이 있었다. 이들은 지중해는 물론 아프리카 동해안, 인도양, 중국을 연결하는 바닷길을 왕래하면서 세계 무역을 지배하였다. 중국의 비단과 도자기, 인도·동남아시아의 향신료, 아프리카의 상아·노예, 비잔티움 제국의 공예품 등 그들이 취급 하지 않은 물품이 거의 없을 정도였다. 그들은 이와 같은 상업 활동을 통해 많은 이익을 남겼으며, 무역지의 이슬람화를 촉진하여 이슬람교의 발전에도 큰 공을 세웠다. 이슬람 상인은 우리나라에도 찾아와 교역을 하였다.

신항로의 개척 이후 유럽에는 멕시코, 페루 등으로부터 금·은의 귀금속이 대량으로 반입되어 가격 혁명이 일어났다. 물가가 1세기 사이에 2 ~ 3배 정도 폭등함에 따라 고정된 지대를 받고 있던 봉건 지주는 타격을 받았다. 그러나 상공업자들에게는 유리하였으며, 광대한 시장의 확대로 길드가 해체되고 상공업이 발달하는 등 유럽의 자본주의가 더욱 발달하였다. 이와 같이 신항로의 개척을 계기로 나타난 유럽의 경제적 변화를 통틀어 상업혁명이라고 일컫는다. 그리고 그것은 근대 사회의 주역이 될 시민 계급을 성장시키는 결과를 가져왔다. 그러나 신항로의 개척은 유럽인의 주도하에 이루어진 것이었으므로, 유럽 세력의 확대로 인하여 아시아와 아메리카 대륙이 유럽 세력의 식민지로 전락하는 문제점을 낳았다.

① 해상 무역의 의미와 종류 ② 새로운 문명의 탄생과 발달

③ 해상 활동의 경과와 결과 ④ 각 문명권의 교류와 그 의의

⑤ 해상 무역상인과 나라들 간의 갈등

지레는 받침과 지렛대를 이용하여 물체를 쉽게 움직일 수 있는 도구이다. 지레에서 힘을 주는 곳을 힘점, 지렛대를 받치는 곳을 받침점, 물체에 힘이 작용하는 곳을 작용점이라 한다. 받침점에서 힘점까지의 거리가 받침점에서 작용점까지의 거리에 비해 멀수록 힘점에 작은 힘을 주어 작용점에서 물체에 큰 힘을 가할 수 있다. 이러한 지레의 원리에는 돌림힘의 개념이 숨어있다.

물체의 회전 상태에 변화를 일으키는 힘의 효과를 돌림힘이라고 한다. 물체에 회전 운동을 일으키거나 물체의 회전 속도를 변화시키려면 물체에 힘을 가해야 한다. 같은 힘이라도 회전축으로부터 얼마나 멀리 떨어진 곳에 가해 주느냐에 따라 회전 상태의 변화 양상이 달라진다. 물체에 속한 점 X와 회전축을 최단 거리로 잇는 직선과 직각을 이루는 동시에 회전축과 직각을 이루도록 힘을 X에 가한다고 하자. 이때 물체에 작용하는 돌림힘의 크기는 회전축에서 X까지의 거리와 가해 준 힘의 크기의 곱으로 표현되고 그 단위는 $N \cdot m$(뉴턴미터)이다.

동일한 물체에 작용하는 두 돌림힘의 합을 알짜 돌림힘이라 한다. 두 돌림힘의 방향이 같으면 알짜 돌림힘의 크기는 두 돌림힘의 크기의 합이 되고 그 방향은 두 돌림힘의 방향과 같다. 두 돌림힘의 방향이 서로 반대이면 알짜 돌림힘의 크기는 두 돌림힘의 크기의 차가 되고 그 방향은 더 큰 돌림힘의 방향과 같다. 지레의 힘점에 힘을 주지만 물체가 지레의 회전을 방해하는 힘을 작용점에 주어 지레가 움직이지 않는 상황처럼, 두 돌림힘의 크기가 같고 방향이 반대이면 알짜 돌림힘은 0이 되고 이때를 돌림힘의 평형이라고 한다.

회전 속도의 변화는 물체에 알짜 돌림힘이 일을 해 주었을 때에만 일어난다. 돌고 있는 팽이에 마찰력이 일으키는 돌림힘을 포함하여 어떤 돌림힘도 작용하지 않으면 팽이는 영원히 돈다. 일정한 형태의 물체에 일정한 크기와 방향의 알짜 돌림힘을 가하여 물체를 회전시키면, 알짜 돌림힘이 한 일은 알짜 돌림힘의 크기와 회전 각도의 곱이고 그 단위는 J(줄)이다.

가령, 마찰이 없는 여닫이문이 정지해 있다고 하자. 갑은 지면에 대하여 수직으로 서 있는 문의 회전축에서 1m 떨어진 지점을 문의 표면과 직각으로 300N의 힘으로 밀고, 을은 문을 사이에 두고 갑의 반대쪽에서 회전축에서 2m 만큼 떨어진 지점을 문의 표면과 직각으로 200N의 힘으로 미는 상태에서 문이 90° 즉, 0.5π 라디안을 돌면, 알짜 돌림힘이 문에 해 준 일은 $50\pi J$이다.

알짜 돌림힘이 물체를 돌리려는 방향과 물체의 회전 방향이 일치하면 알짜 돌림힘이 양(+)의 일을 하고 그 방향이 서로 반대이면 음(−)의 일을 한다. 어떤 물체에 알짜 돌림힘이 양의 일을 하면 그만큼 물체의 회전 운동 에너지는 증가하고 음의 일을 하면 그만큼 회전 운동 에너지는 감소한다. 형태가 일정한 물체의 회전 운동 에너지는 회전 속도의 제곱에 정비례한다. 그러므로 형태가 일정한 물체에 알짜 돌림힘이 양의 일을 하면 회전 속도가 증가하고, 음의 일을 하면 회전 속도가 감소한다.

28 윗글의 내용과 일치하지 않는 것은?

① 물체에 힘이 가해지지 않으면 돌림힘은 작용하지 않는다.

② 물체에 가해진 알짜 돌림힘이 0이 아니면 물체의 회전 상태가 변화한다.

③ 회전 속도가 감소하고 있는, 형태가 일정한 물체에는 돌림힘이 작용한다.

④ 힘점에 힘을 받는 지렛대가 움직이지 않으면 돌림힘의 평형이 이루어져 있다.

⑤ 형태가 일정한 물체의 회전 속도가 2배가 되면 회전 운동 에너지는 2배가 된다.

29 박스 안의 예에서 문이 90° 회전하는 동안의 상황에 대한 이해로 적절한 것은?

① 갑의 돌림힘의 크기는 을의 돌림힘의 크기보다 크다.

② 알짜 돌림힘과 갑의 돌림힘은 방향이 같다.

③ 문에는 돌림힘의 평형이 유지되고 있다.

④ 문의 회전 운동 에너지는 점점 증가한다.

⑤ 알짜 돌림힘의 크기는 점점 증가한다.

30 다음 글을 통해 알 수 없는 것은?

컴퓨터용 한글 자판에는 세벌식 자판과 두벌식 자판이 있다. 그리고 세벌식 자판이 두벌식 자판에 비해 더 효율적이고 편리하다는 평가가 많다. 그럼에도 불구하고, 새로 컴퓨터를 사용하기 시작하는 사람이 두벌식 자판을 선택하는 이유는 기존의 컴퓨터 사용자의 대다수가 두 벌식 자판을 사용하고 있다는 사실이 새로운 사용자에게 영향을 주었기 때문이다. 이렇게 어떤 제품의 사용자 또는 소비자 집단이 네트워크를 이루고, 다른 사람의 수요에 미치는 영향을 네트워크 효과 또는 '네트워크 외부성'이라고 한다.

네트워크 외부성에 영향을 미치는 요인은 세 가지 차원에서 생각해 볼 수 있다. 우선 가장 직접적인 영향을 미치는 것은 사용자 기반이다. 네트워크에 연결된 사람이 많아질수록 사용자들이 제품이나 서비스를 사용함으로써 얻게 되는 효용은 더욱 증가하고 이로 인해 더 많은 소비자들이 그 제품을 선택하게 된다. 인터넷 지식 검색의 경우, 전체 가입자의 수가 많을수록 개별 사용자의 만족도가 높아지는 경향이 있는데, 이는 사용자 기반이 네트워크 외부성에 영향을 미치는 사례로 볼 수 있다.

둘째, 해당 재화나 서비스의 표준 달성 여부이다. 시장에 출시된 제품 중에서 한 쪽이 일정 수준 이상의 사용자수를 확보해서 시장 지배적 제품으로서 표준이 되면 소비자의 선택에 중요한 영향을 주기 때문이다. 예를 들어 컴퓨터 운영 체제로서 윈도우즈는 개인용 컴퓨터(PC) 시장의 대부분을 장악하고 있는데, 개인용 컴퓨터 제조업체들이 자사 제품에 윈도우즈 로고를 붙여야 판매가 가능할 정도로 윈도우즈의 시장 지배력은 압도적이다. 이런 상황에서 컴퓨터를 구매하려는 소비자가 윈도우즈 대신 다른 운영 체제를 선택할 가능성은 매우 낮다.

마지막으로 호환성이다. 특정 브랜드의 제품이나 서비스를 사용하면서 별도의 비용 없이 다른 브랜드 제품으로 전환해서 사용할 수 있다면, 소비자의 선택에 상당한 영향을 미칠 수 있다. 예컨대 시중에 판매되는 DVD 타이틀이 서로 다른 두 가지 방식으로 제작된다고 하자. 소비자로서는 한 가지 방식만을 지원해 주는 DVD 플레이어보다는 두 가지 방식을 모두 지원하여 보다 다양한 DVD 타이틀을 볼 수 있는 DVD 플레이어를 선택하려고 할 것이다. 일반적으로 소비자는 제품의 질이나 가격에 민감하고, 이를 기준으로 제품을 선택한다고 생각한다. 하지만 네트워크 외부성은 소비자들이 가격이나 품질 이외의 요인 때문에 재화나 서비스를 선택할 수 있음을 보여준다.

① 네트워크 외부성이 있으면 재화나 서비스의 가격은 하락한다.
② 사람들이 가장 많이 사용하는 제품이 가장 편리하다고 단정할 수 없다.
③ 특정 제품의 가치는 가격이나 품질 이외의 요인에 따라 달라질 수도 있다.
④ 사용자 기반이 클수록 사용자 개인은 서비스에 대해 만족감이 커지는 경향이 있다.
⑤ 소비자들은 특정 제품을 택할 때 다른 사람들의 선택이나 판단에 영향을 받기도 한다.

PART

03

면접

chapter 01 면접 준비

(1) 주요 평가 사항

① 1분 자기소개의 가장 효과적인 방법은 절도 있는 자기소개나 명랑한 아이디어가 아니다. 바로 자신이 업계와 기업에 관심이 많고 기업에 유익한 인재임을 설득력 있게 소개하는 것이다.

    ㉠ 상품 가치 : 업계의 트렌드, 회사의 당면과제를 짚어주고 자신의 강점이 회사에 얼마나 도움이 되는지 소개하여야 한다.

    ㉡ 에피소드 : 에피소드를 활용하여 자신의 강점을 보다 객관적, 구체적으로 전달하여야 한다. 그 경험을 통해 얻은 교훈과 성과를 덧붙여 자신의 강점이 직무에 큰 도움이 된다는 것을 보여주는 것이다.

② 업무에 대한 열정 및 기본능력

    ㉠ 열정 : 업무를 제대로 수행하기 위해서는 전문성도 중요하지만 지원 분야에 대한 의욕과 도전정신이 필요하기 때문에 열정 역시 중요한 평가대상이 된다. 특히 많은 지원자가 그냥 지나치는 마지막으로 할 말이 있냐는 질문을 통해 지원 분야에 대한 열정을 드러내는 것이 좋다.

    ㉡ 업무수행능력 : 직무에 필수적인 전문성 외에도 담당 업무를 원활히 수행하는 데 필요한 기본능력을 평가한다.

        • 사고력 : 이해력, 분석력, 창의력 등의 기초적인 사고 능력

        • 팀워크 : 호감을 유발하는 언어구사력, 원활한 의사소통 능력과 같이 팀 단위의 업무 수행에 영향을 주는 요소

        • 업무에 대한 이해도 : 업무수행에 필요한 기초 지식, 업무 프로세스 이해 등 담당 업무 전반에 대한 이해력

③ 인성

    ㉠ Key Point : 기업의 인재상과 같이 기업은 지원자의 인성에 대한 나름의 평가 기준을 가지고 있다. 이러한 기업의 요구에 자신의 강점을 연결시켜 소개하는 것도 좋지만 자신의 개성을 알고 이를 직무와 연관된 강점으로 부각시키는 것이 더욱 중요하다.

    ㉡ 평가요소

        • 사교성 및 협조성 : 말투와 표정에서 친밀감을 표현하는지, 타지원자의 의견을 경청하고 있으며 정확한 의사소통능력을 보여주는지를 본다.

        • 이해력 및 표현력 : 타인의 말을 바르게 이해하고 이에 대한 자신의 생각을 명확하게 전하는지, 알기 쉬운 말투로 적절한 표현을 하고 있는지를 살펴본다.

        • 성실성 : 침착한 자세로 끈기 있게 답변하고 있는지, 무책임한 답변을 하고 있지는 않는지 살펴본다.

        • 언행 : 답변 시 표정이나 태도와 압박 질문에 어떻게 대응하는지 살펴본다.

④ 적성 적합 여부
  ㉠ **사전조사** : 미리 지원 분야와 담당할 직무를 조사하여 해당 분야에 관심과 지식이 많다는 것을 보여주도록 한다.
  ㉡ **연결고리** : 사전 조사한 내용을 자신의 인성적인 측면에서의 강점과 연결하여 담당 직무에 어떻게 기여할 것인지를 보여준다면, 면접관은 지원자가 직무를 담당하기에 적합한 적성을 가진 사람이라고 생각하게 된다.

(2) 면접 과정

① 입실
  ㉠ 입실 후 시끄럽지 않을 정도의 큰소리로 인사를 하고 웃는 얼굴을 하며 자리로 이동한다. 서있을 때에는 등을 곧게 펴고 머리를 숙이지 않도록 한다.
  ㉡ 자리에 앉을 때에는 신발 뒤꿈치를 가지런하게 하고, 다리가 벌어지지 않도록 주의하여 자세가 흐트러지지 않도록 한다.
  ㉢ 착석 후에는 무릎 위에 손을 가지런히 두고 의자의 등받이와 등 사이에 주먹이 들어갈 정도의 간격을 두어 깊게 앉도록 한다.

② 대화
  ㉠ 면접관의 질문에 답변할 때는 아이존(눈매로부터 넥타이 부근까지)에 시선을 두도록 한다. 타 지원자가 답변할 때는 천장이나 아래를 보며 어색해하거나 다른 생각에 빠져 있지 않도록 주의한다.
  ㉡ 목소리에 기운이 있고 밝아 보인다는 인상을 주도록 한다. 말하는 속도는 너무 빠르지도 느리지도 않게 적절히 조절해야 한다.
  ㉢ 면접 도중 머리를 자주 만진다거나 옷을 만진다거나 하는 모습은 산만해 보이므로 주의한다.

③ 퇴실
  ㉠ 면접이 끝나면 정중하게 인사하고 퇴장하도록 한다. 이때, 과도하게 허리를 굽혀 인사하면 오히려 좋은 인상을 주지 못하니 주의하도록 한다.
  ㉡ 실수했다는 생각에 빠져 어두운 표정을 짓는 지원자도 있으나 면접의 결과를 예상하여 들뜨거나 낙심하지 말고 끝까지 최선을 다하며, 표정관리 역시 신경 쓰도록 한다.

(3) 면접 유형

① 개인면접

　　㉠ 형식 : 면접관 1 ~ 3명이 지원자 1명을 평가하는 형식으로, 지원자에 대한 심도 있는 평가가 가능하다. 면접관과 독대하는 경우가 많으므로 상당히 긴장할 수 있다. 하지만 집단면접보다는 차분하게 이야기를 나눌 수 있으므로 면접관에게 질문이 있으면 해도 좋다.

　　㉡ 대책

　　　• 진실성 : 특히 개인면접은 장시간에 걸쳐 연속해서 질문을 받게 되므로 솔직하게 답변하는 것이 좋다.
　　　• 기회 : 비교적 많은 시간이 주어지므로 자기소개, 지원동기 등을 통해서 자신의 생각을 분명히 나타낼 수 있다.
　　　• 대화 : 답변을 외워서 대답하는 것보다 실수하지 않을 정도로 암기하고 자연스럽게 대화하는 기분으로 면접에 임하는 것이 좋다.

② 집단면접

　　㉠ 형식 : 다수의 지원자를 여러 명 혹은 한 명의 면접관이 대면한다. 주로 면접관이 질문하고 지원자가 순서대로 답변하는 형식이다.

　　㉡ 평가항목 : 논리력, 표현력, 설득력, 사회성 등을 주로 평가한다.

　　㉢ 대책

　　　• 명확성 : 각자에게 배당된 시간이 적은만큼 간결하고 확실하게 답하는 것이 중요하다.
　　　• 경청 : 다른 지원자의 발표를 경청하도록 한다. 일부 지원자들은 긴장한 나머지 자신의 답변에만 신경 쓰는데, 이때 면접관이 타 지원자의 답변에 대한 의견을 물어오면 당황할 수 있다.

③ 그룹토의

　　㉠ 형식 : 다수의 지원자가 한 주제에 대해 토의한다

　　㉡ 평가항목 : 의사소통능력, 리더십, 팀워크, 전문지식 등을 평가한다.

　　㉢ 대책

　　　• 적극성 : 면접에 적극적으로 임하려는 자세와 타인의 의견을 경청하는 태도가 중요하다.
　　　• 배려 : 타 지원자의 발언을 모두 들은 후에 자신의 의견을 제시해야 하며, 소극적이고 발언이 적은 지원자를 배려해주면 좋은 평가를 받을 수 있다.

④ 그룹과제

　　㉠ 형식 : 다수의 지원자로 구성된 그룹에 과제가 주어지고 구성원들이 협력하여 과제를 해결해 나간다.

　　㉡ 평가항목 : 집단 속에서의 협력성, 적극성과 독창성 등을 주로 평가받는다.

　　㉢ 대책

　　　• 협동 : 개인의 능력을 과시화고 성과에 집착하기보다 집단 속에서 잘 어우러져 협력하는 모습을 보여주는 것이 중요하다.
　　　• 업무파악능력 : 전반적인 작업 과정을 빠르게 파악하여 자신의 역할을 바르게 이해하고, 정확한 발언과 행동을 하는 것이 중요하다.
　　　• 리더십 : 자신만의 리더십을 겸손하게 보여주면 더욱 좋은 평가를 받을 수 있다.

⑤ PT 면접

   ⊙ **형식** : 사전에 준비된 과제를 부여받아 정해진 시간 내에 발표하는 것으로서 주로 기획 능력이 필요한 분야에서 시행하는 형식이다. 최근에는 거의 모든 업계에서 PT면접을 진행하고 있다.

   ⊙ **평가항목** : 기획력, 전문지식에 대한 이해력을 주로 평가받는다.

   ⓒ **대책**

     • **규정** : 준수 시간, 자료, 분량의 제한 등을 통해 규칙을 준수하는 의식을 평가하므로 규정 준수가 중요하다.

     • **문제해결능력** : PT 주제는 거의 전공과 관련된 문제가 많다. 사실 지원자들에게 확실한 답변을 얻기 위한 것이라기보다는 문제를 해결해 나가는 능력과 순발력을 평가하기 위한 면접이다. 모르는 문제라고 해서 당황하거나 자신감 없는 모습을 보이는 것보다는 자신만의 논리를 자신감 있게 문제를 해결해 나가는 모습을 보여주는 것이 좋다.

⑥ 합숙면접

   ⊙ **형식** : 면접관과 지원자가 하루 혹은 이틀 동안 합숙하는 형식이다.

   ⊙ **평가항목** : 적응력, 문제해결능력, 팀워크, 리더십을 주로 평가하며 면접관은 지원자의 숨겨진 재능까지도 유심히 살핀다.

   ⓒ **대책**

     • **친화력** : 다른 지원자들과 자연스럽게 어울리며 자신의 능력을 드러내도록 한다.

     • **팀워크, 리더십** : 팀을 이루어 수행하는 과제가 대부분이므로 팀에 잘 융화되고 타 지원자들을 적극적으로 리드하는 모습을 보여주면 좋은 평가를 받을 수 있다.

(4) 면접 시 유의사항

① 지원회사에 대한 사전 지식 등을 습득하는 것이 좋다.

  • 회사의 연혁

  • 회장 또는 사장의 이름, 출신 학교, 전공 과목 등

  • 회사에서 요구하는 인재상

  • 사훈, 비전, 경영이념, 창업정신

  • 회사의 대표적 상품과 그 특색

  • 업종별 계열 회사의 수

  • 해외 지사의 수와 그 위치

  • 신제품에 대한 기획 여부

  • 지원자가 평가할 수 있는 회사의 장·단점

  • 회사의 잠재적 능력 개발에 대한 각종 평가

② 아침에 일어나 뉴스 등을 유의해서 보고 자신의 생각을 정리하는 것이 좋다. 또한 면접일과 인접해 있는 국경일이나 행사 등이 있다면 그에 따른 생각을 정리해 두면 좋다.

③ 대답하기 난해한 개방형 질문도 반드시 답변을 하도록 한다. 자신의 생각이나 입장을 밝히지 않을 경우 소신이 없거나 혹은 분명한 가치를 가지고 있지 않은 사람으로 비쳐질 수 있기 때문이다. 답변이 바로 떠오르지 않는다면, "잠시 생각을 정리할 시간을 주시겠습니까?" 하고 요청을 해도 좋다. 이때, 면접관과 가치논쟁을 하지 않도록 주의한다.

④ 지원동기에는 가치관이 반영되어야 한다. 어떤 응시자들은 이 질문을 대수롭지 않게 여기거나 추상적으로 답변하는 경우가 있다. 이런 경우 성의 없다고 생각하기 쉬우므로 자신의 가치관이 내포된 답변을 내놓도록 한다.

⑤ 질문이 주어지자마자 바로 답변하는 것은 미리 예상한 답을 잊어버리기 전에 말하고자 하는 것으로 오인될 수 있으며 침착하지 못하고 즉흥적으로 비춰지기 쉽다.

⑥ 자기소개 시 유의사항
   ㉠ 자신의 집안에 대해 자랑하는 사람 : 자신의 부모나 형제 등 집안사람들이 사회·경제적으로 어떠한 위치에 있는 지를 서술하는 유형으로 자신도 대단한 사람이라는 것을 강조하고 싶은 것일지도 모르나 면접관에게는 의존적이며 나약한 사람으로 비춰지기 쉽다.
   ㉡ 대답을 하지 못하는 사람 : 면접관의 질문에는 난도가 있어서 대답하기 힘든 문제도 분명 있을 것이다. 그러나 이는 어려운 것이지 난처한 문제는 아니다. 평소에 끊임없이 스스로에게 질문을 던져 자신이 원하는 것을 파악하고 직업도 관련된 쪽으로 구하고자 하면 막힘없이 대답할 수 있을 것이다.
   ㉢ 자신이 한 일에 대해서 너무 자세하게 이야기 하는 사람 : 면접은 필기시험과 마찬가지로 시간이 정해져 있고 그 시간을 효율적으로 활용하여 자신을 내보이는 것이다. 그러나 이러한 사람들은 그것은 생각하지 않고 적당하지 않은 말까지 많이 하여 시간이 부족하다고 하는 사람들이다. 이들은 자신이 한 일을 열거하면서 모든 일에 열의가 있는 사람이라고 생각해주길 바라지만 단순 나열일 뿐 면접관들에게 강한 인상을 남기지 못한다.
   ㉣ 너무 오래된 추억을 이야기 하는 사람 : 면접에서 초등학교 시절 이야기를 하는 사람은 어떻게 비춰질까? 그 이야기가 지금까지도 영향을 미치고 있다면 괜찮지만 단순히 일회성으로 그친다면 너무 동떨어진 이야기가 된다. 가능하면 최근의 이야기를 하는 것이 좋다.

chapter

02 예상 질문과 답변 TIP

Q 친구관계에 대해 말해보시오.

| T I P | ◆◆◆ |

지원자의 인간성을 판단하는 질문으로 교우관계를 통해 답변자의 성격을 알 수 있다. 새로운 환경에 적응하여 새로운 친구들이 많은 것도 좋지만 깊고 오래 지속된 인간관계를 말하는 것도 좋다.

Q 당신의 PR포인트를 말해보시오.

| T I P | ◆◆◆ |

지나치게 겸손한 태도보다는 적극적인 자기 주장이 필요하다. 입사 후 하게 될 업무와 관련된 자기의 특성을 구체적인 일화로 이야기하면 좋다.

Q 당신의 장·단점을 말해보시오.

| T I P | ◆◆◆ |

지원자의 구체적인 장·단점을 알고자 하기 보다는 지원자가 자신에 대해 얼마나 알고 있으며 어느 정도의 객관적인 분석을 하고 있나, 그리고 개선의 노력 등을 시도하는지를 파악하고자 하는 것이다.

Q 학교 성적은 좋은 편이었습니까?

| T I P | ◆◆◆ |

면접관은 이미 서류를 통해 지원자의 성적을 알고 있다. 이 질문의 핵심은 지원자 스스로 성적에 대해 어떻게 인식하느냐 하는 것이다. 성적이 나빴던 이유에 대해서는 변명보다 담백하게 받아들이고 그것에 대한 개선노력을 했음을 밝히는 것이 적절하다.

Q 만약 불합격한다면 어떻게 하겠습니까?

| T I P | ◆◆◆ |

불합격 할 것을 가정하고 응시하는 사람은 거의 없다. 이는 지원자를 궁지로 몰아 넣고 그 대응을 살펴 입사 희망 정도를 알아보려고 하는 것이다. 이 질문은 깊이 들어가지 말고 침착하게 답변하도록 한다.

Q 당신이 생각하는 바람직한 사원상을 말해보시오.

T I P	◆ ◆ ◆

직장인으로서 또는 조직의 일원으로서의 자세를 묻는 질문으로 지원하는 회사에서 어떤 인재상을 요구하는 가를 알아두는 것이 좋으며 평소에 자신의 생각을 미리 정리해 두는 것이 적절하다.

Q 상사와 의견이 다를 때 어떻게 할 것인지 말해보시오.

T I P	◆ ◆ ◆

요즘에는 무조건 상사의 명령에 따르겠다는 수동적인 자세보다는 때에 따라 자신이 판단하고 행동하겠다는 모습을 보여주는 것이 좋다. 다만, 지나치게 자신의 의견만을 고집한다면 이는 팀원 간의 불화를 야기할 수 있으며 팀 체제에 악영향을 미칠 수 있으므로 선호하지 않는다는 것에 유념하여야 한다.

Q 지원한 분야가 전공한 분야와 다른데, 여기 일을 할 수 있겠습니까?

T I P	◆ ◆ ◆

수험생의 입장에서 여러 군데 원서를 넣거나 전공과 관련 없는 분야도 지원하게 되어 서류가 통과되고 인적 성검사 및 직무능력검사에 합격하여 면접전형까지 볼 수 있을 것이다. 다른 입사절차가 통과된 뒤 면접에서 면접관이 이런 질문을 할 수 있는데, 수험생은 당황스러울 것이다. 우선 다른 전형에서 통과했다는 것은 회사의 인사채용 방침상 전공에 크게 영향을 받지 않는다는 것이므로 무엇보다 자신이 전공하지는 않았지만 어떤 업무도 할 수 있다는 자신감과 능동적인 자세를 보여주도록 노력해야 한다.

chapter 03 면접 기출

(1) 2021년 상반기 면접 기출

• 1분 동안 자기소개를 해보세요.

• 해당 직무 지원동기는 무엇입니까?

• 직무와 관련하여 자신의 역량은 어느 정도라고 생각합니까?

• 마지막으로 하고 싶은 말이 있습니까?

• 졸업은 언제 하셨나요?

• 졸업하고 취업 준비는 어떻게 하고 있나요?

• 경쟁력을 쌓기 위해 어떤 것들을 준비했나요?

• 성적이 낮은데 학교 다닐 때 무얼 했나요?

• 면접 준비는 어떻게 하셨나요?

• 다른 지원자와 차별되는 자신만의 강점은 무엇이라고 생각하나요?

• 살면서 가장 치열하게, 미친듯이 몰두하거나 노력했던 경험은 무엇인가요?

• 자신이 리더이고, 모든 것을 책임지는 자리이다. 본인은 A 프로젝트가 맞다고 생각하는데, 팀원들 대여섯 명은 B프로젝트가 맞다고 생각하면 A와 B중 어떤 것을 선택할 건가요?

(2) 역대 면접 기출

- 우리나라 기업문화의 장·단점에 대해 서서의 기업과 비교하여 설명해보세요.

- 존경하는 인물에 대해 자세히 설명해보세요. 또한 실제로 만나본 적 있습니까?

- 삼성의 단점이 무엇이라고 생각합니까?

- 친구들이 자신에게 '이런 것만은 고쳤으면 좋겠다' 하는 것이 있다면 무엇이 있습니까?

- 회사에 입사한 후 팀원과의 의견충돌이 발생하는 경우 어떻게 대처하겠습니까?

- 다른 기업에 좋은 기술이 있습니다. 만약 직속상사가 그 기업에 위장 취업하여 신기술을 훔쳐오라고 하면 어떻게 하겠습니까?

- 삼성과 다른 기업에 동시에 합격한다면 어디로 취직을 할 것입니까?

- 외국에서의 비즈니스 업무도 가능합니까?

- 취미가 매우 일반적인데 실제로 어느 정도 취미생활을 합니까?

- 입원이 될 생각이 있습니까?

- 최근에 본 인문학 책은 무엇이 있습니까?

- 삼성전자의 CEO가 누군지 압니까? CFO와 COO도 말해보세요.

- 자기소개 해보세요.

- 트위터나 페이스북 같은 SNS를 잘 활용합니까?

- SNS에 유명인이 정치·시사적인 부분에서 자신의 생각을 표현하는 것에 대해 어떻게 생각합니까?

- 뭔가에 몰입한 경험이 있습니까? 있다면 구체적으로 설명해보세요.

- 종교 활동을 하고 있습니까?

- 일요일에 근무를 해야 한다면 어떻게 할 것입니까?

- SDI가 리튬 배터리 중대형 부문에서 1위하려면 얼마나 걸릴 것 같습니까?

- 취미와 특기는 무엇입니까?

- SDI에 왜 입사해야 합니까?

- SDI가 무슨 회사입니까?

- 창의적으로 한 일이 무엇입니까?

• 만약 회사에 합격한다면 왜 뽑았을 것이라고 생각합니까?

• 시민단체의 기업참여를 어떻게 봅니까?

• 당신은 덕장, 지장, 용장 중에 어떤 리더에 속합니까?

• 받고 싶지 않은 질문이 있습니까?

• 학점이 낮은 이유는 무엇입니까?

• 본인의 전공이 지원한 직무에 어떻게 사용될 수 있습니까?

• 인턴을 통해 배웠던 점과 회사의 장·단점을 말해보세요.

• 팀 프로젝트를 하며 체력, 의사소통, 스케줄 조정 등과 같은 문제점을 어떻게 극복했었는지 말해보세요.

• 감명 깊게 본 영화나 책이 있다면 설명해보세요.

• 삼성에 들어오고 싶은 이유는 대기업이라서 입니까?

• 다른 사람들과 협력하여 좋은 결과를 이루어 낸 적이 있습니까?

• 휴대폰에 저장된 연락처의 개수는 몇 개 입니까?

• 자신이 노력형 인재라고 생각합니까? 아니면 타고난 천재형 인재라고 생각합니까?

• 기업의 내부고발자를 어떻게 생각합니까?

• 삼성을 포함한 기업들의 사회적 책임은 무엇이라고 생각합니까?

• 전날 주식종가를 말해보세요.

• 취업을 준비할 때 누구와 가장 많은 상의를 했습니까?

• 삼성의 이미지는 어떠합니까?

• 본인은 성과주의적 인간입니까, 원칙주의적 인간입니까?

• 회사가 부조리한 일을 한다거나 당신의 가치관과 회사의 가치관이 부딪친다면 어떻게 할 생각입니까?

PART

04

정답 및 해설

chapter

01

제1회 정답 및 해설

01. 수리논리

1	2	3	4	5	6	7	8	9	10	11	12	13	14	15	16	17	18	19	20
②	①	②	①	③	⑤	②	①	①	②	③	④	②	③	②	⑤	②	③	③	④

1 甲지점에서 乙지점까지 걸린 왕복 거리는 150(km) × 2 = 300(km)가 된다. 甲지점에서 乙지점까지 걸린 왕복 시간은 $\frac{300}{75} = 4$(시간) 이 된다. 올 때의 시속을 x라고 하면,

$$\frac{150}{100} + \frac{15,000}{x} = 4$$

$$\frac{150x + 15,000}{100x} = 4$$

$$250x = 15,000$$

$$\therefore x = 60$$

2 농도 25%인 소금물 xg에서 소금의 양은 $\frac{1}{4}x$가 된다. 이 소금물에 소금의 양만큼 물을 더 넣고 소금을 25g 넣었을 때의

농도는 $\dfrac{\frac{1}{4}x+25}{x+\frac{1}{4}x+25} \times 100 = 25$가 된다. 따라서 다음 식을 정리하면 $\dfrac{\frac{1}{4}x+25}{\frac{5}{4}x+25} = \dfrac{1}{4} \rightarrow x+100 = \dfrac{5}{4}x+25 \rightarrow$

$75 = \frac{1}{4}x$이므로 $x = 300$이다. 따라서 최종 소금물의 양은 $300 + \frac{1}{4} \times 300 + 25 = 400$이 된다.

3 ㉠ 2020년 경지 면적 중 상위 5개 시 · 도는 전남 > 경북 > 충남 > 전북 > 경기 > 경남이다.
㉡ 울산의 2020년 논 면적은 5,238ha 이고, 2019년 밭 면적은 4,696ha로 두 배가 되지 않는다.
㉢ 2019년 전국 밭 면적은 751,179ha 이고, 2020년 전국 밭 면적은 740,902ha이다.
　　따라서 (740,902ha − 751,179ha) ÷ (740,902ha × 100) = −1.387 ⋯ ∴ −1.4가 된다.
㉣ 2019년 논 면적 중 상위 5개 시 · 도는 전남 > 충남 > 전북 > 경북 > 경기이다.

4 ⊙ 실시율이 40% 이상인 어린이집 특별활동프로그램은 음악, 체육, 영어 3개이고, 유치원 특별활동프로그램은 음악, 체육, 영어 3개로 동일하다.

ⓒ 영어 $= \dfrac{6,687}{26,749} = 0.25$, 음악 $= \dfrac{2,498}{19,988} = 0.12$이므로 영어가 더 높다.

ⓒ 어린이집 : 영어 > 체육 > 음악 > 미술 > 교구 > 한글 > 과학 > 수학 > 서예 > 컴퓨터 > 한자

유치원 : 영어 > 체육 > 음악 〉미술 > 과학 > 한글 > 수학 > 교구 > 한자 > 서예 〉컴퓨터

ⓔ 실시율 $= \dfrac{\text{실시 수}}{\text{전체 수}}$ 로 계산하면 되므로 어린이집의 경우 과학 6.0이고 한자가 0.5이므로 한자의 12배가 많을 것이다.

유치원의 경우 과학은 27.9, 서예는 0.6인데 서예의 실시율을 가지고 전체 실시 유치원 수를 구하면

$\dfrac{51}{0.006} = 8,500$개, 여기에 30%를 구하면 $8,500 \times 0.3 = 2,550$이다.

27.9에 해당하면 더 작을 것이므로 어린이집의 과학 실시기관의 수가 더 많다.

5 현재까지의 판매이익을 계산하면,
- 아메리카노 : $(3,000 - 200) \times 5 = 14,000$(원)
- 카페라테 : $(3,500 - 500) \times 3 = 9,000$(원)
- 바닐라라테 : $(4,000 - 600) \times = 10,200$(원)
- 카페모카 : $(4,000 - 650) \times 2 = 6,700$(원)
- 캐러멜 마키아토 : $(4,300 - 850) \times 6 = 20,700$(원)
∴ 총 합계 $= 60,600$원

3,400원이 모자라므로 바닐라라테를 한 잔 더 판매하면 된다.

6 ① 2020년 12월 모든 등급에서 거세우보다 비거세우의 평균가격이 더 높다.
② 비거세우 3등급은 2020년 12월 평균가격이 전월 평균가격보다 더 높다.
③ 전월 평균가격을 보면 거세우 1등급의 평균가격이 더 높다.
④ 거세우 2등급 : $17,369 - 12,647 = 4,722$
거세우 1등급 : $18,922 - 14,199 = 4,723$
따라서 거세우 2등급의 증가폭이 가장 크지 않다.

7 $\dfrac{\text{회사원 수}}{\text{전체 창업지원금 신청자}} \times 100$

- 2016년 : $\dfrac{255}{766} \times 100 = 33.28\%$

- 2017년 : $\dfrac{357}{790} \times 100 = 45.19\%$

- 2018년 : $\dfrac{297}{802} \times 100 = 37.03\%$

- 2019년 : $\dfrac{481}{1,166} \times 100 = 41.25\%$

- 2020년 : $\dfrac{567}{1,460} \times 100 = 38.84\%$

따라서 신청자 대비 회사원 비율이 가장 높은 해는 2017년이다.

8 $\dfrac{2020\text{년 신청자 수} - 2018\text{년 신청자 수}}{2018\text{년 신청자 수}} \times 100$

- 교수 : $\dfrac{183 - 34}{34} \times 100 = 438.2\%$

- 연구원 : $\dfrac{118 - 73}{73} \times 100 = 61.6\%$

- 대학생 : $\dfrac{74 - 17}{17} \times 100 = 335.2\%$

- 대학원생 : $\dfrac{93 - 31}{31} \times 100 = 200\%$

- 회사원 : $\dfrac{567 - 297}{297} \times 100 = 90.9\%$

따라서 2018년 대비 2020년 신청자 수의 증가율이 가장 큰 직업은 교수이다.

9 $\text{조세총액} = \dfrac{\text{지방세 징수액}}{\text{조세총액 대비 지방세 징수액 비율}} \times 100$

$\dfrac{37.8}{21.5} \times 100 = 175.8(\text{조 원})$

10 ㉠ GDP 대비 조세총액 비율 $= \dfrac{조세총액}{GDP} \times 100$

㉡ 조세총액 $= \dfrac{지방세징수액}{조세총액대비 지방세징수액 비율} \times 100$

㉢ GDP $= \dfrac{지방세징수액}{GDP대비 지방세징수액 비율} \times 100$

• 2016년 : $\dfrac{148.3}{727.9} \times 100 = 20.3\%$

• 2017년 : $\dfrac{152.4}{672.9} \times 100 = 22.6\%$

• 2018년 : $\dfrac{156.1}{759.1} \times 100 = 20.6\%$

• 2019년 : $\dfrac{152.1}{785.7} \times 100 = 19.4\%$

• 2020년 : $\dfrac{175.8}{900} \times 100 = 19.5\%$

따라서 2017년 GDP 대비 조세총액 비율이 가장 높다.

11 ① 2020년이 전년 대비 가장 많이 증가하였다.
② 기업과 기업의 거래는 2020년에 2019년보다 25.9% 증가하였다.
④ B2G와 C2C는 전년 대비 감소하였다.
⑤ B2G와 C2C의 수치는 2019년이 더 높다.

12 ㉠ B와 D의 경우 2차 산업 인구구성비는 D가 높지만, 재활용품 중 고철류 비율은 B가 높다.
㉡ 3차 산업 인구구성비는 B가 가장 높지만, 재활용품 수거량은 A가 가장 높다.
㉣ 1인당 재활용품 수거량이 가장 적은 지역은 G이지만, 재활용품 중 고철류 비율이 가장 높다.

13 D도시의 인구는 248.7 × 1,000 = 248,700명이고, 이중 3차 산업의 인구구성비는 68%이므로 3차 산업 인구는 248,700 × 0.68 = 169,116명이 된다.

14 A 지역 응답자 500명의 평균 독서량이 8.0권이므로 총 독서량은 500 × 8 = 4,000(권)이다. 응답자 중 연간 1권도 읽지 않은 사람을 제외한 A 지역 독서자의 수는 500 × (100 − 23.2) = 384(명)으로 A 지역 독서자의 연간 독서량은 $\dfrac{4,000}{384} = 10.416\cdots$

따라서 10권이다.

15 B 지역 응답자 500명의 평균 독서량이 10.0권이므로 총 독서량은 $500 \times 10 = 5,000$(권)이다. 응답자 중 연간 1권도 읽지 않은 사람을 제외한 B 지역 독서자의 수는 $500 \times (100 - 23.4) = 383$(명)으로 B 지역 독서자의 연간 독서량은 $\dfrac{5,000}{383} = 13.054 \cdots$

따라서 13권이다.

16 각 원의 중심점을 찍어 〈조건〉의 내용을 비교하면,

ⓐ 전체 직원이 가장 많은 부서는 중심점이 최우측에 위치한 자재팀이고, 가장 적은 부서는 구매팀이다.

ⓑ 예산규모가 가장 큰 부서는 원의 크기가 가장 큰 총무팀이며, 가장 작은 부서는 법무팀이다.

ⓒ 전체직원수 대비 간부직원수의 비율은 각 원의 중심점과 그래프의 0점을 연결하여 비교한다. 비율이 가장 높은 부서는 연결선의 기울기가 가장 큰 법무팀이고, 가장 낮은 부서는 기울기가 가장 낮은 홍보팀이다.

따라서, 조건에 따라 살펴볼 때 두 번 이상 해당되는 부서는 법무팀이다.

17 ⓐ 전년 대비 2019년의 금융자산 투자규모 증가량은 호주(20억 \$)가 미국(15억 \$)보다 크다.

ⓑ 미국과 호주의 금융자산 투자규모 차이는 2017년(35억 \$)보다 2019년(40억 \$)이 더 크다.

ⓒ 미국의 평균은 94.2억 \$이며, 호주의 평균은 70억 \$이다.

ⓓ 호주의 금융자산 투자규모 최솟값(60억 \$)은 미국의 금융자산 투자규모 최솟값(40억 \$)보다 높다.

18 • 20 ~ 40대에서 가장 저조한 참여율 : 10%(30대)

• 50대 이상에서 가장 높은 참여율 : 15%(50대)

따라서 이 값의 합이 전체 참여율에서 차지하는 비중은 $\dfrac{10 + 15}{13.4 + 10 + 13.1 + 15 + 12.3} \times 100 = 39.2$(%)이다.

19 A국의 미세먼지 농도는 1월부터 2월까지 '보통'을 유지하다가 3월에 이르러 전달 대비 18㎍이 상승하여 '나쁨'으로 예보되었다. 4월에 이르러 잦은 비로 인해 미세먼지 농도가 낮아져 '보통'으로 기록되었지만 다음 달에 미세먼지 농도가 16㎍이 상승하며 '나쁨'으로 예보되었다. 6월에 이르러 미세먼지 농도는 최고치를 기록했으며 이는 1월 대비 4배가 증가된 수치로, 미세먼지 예보기준 중 '매우 나쁨'에 해당한다.

20 • 2019년에 우리나라 총 수입에서 칠레산 상품이 차지하는 비율이 두 번째로 낮은 상품 : 축산물

• 2014년 대비 2020년 축산물의 수입액 증가율 : $\dfrac{114,442 - 30,530}{30,530} \times 100 = 274.9$(%)

02. 추리

1	2	3	4	5	6	7	8	9	10	11	12	13	14	15
②	③	③	③	②	③	②	④	④	②	④	⑤	③	⑤	①
16	17	18	19	20	21	22	23	24	25	26	27	28	29	30
②	①	③	①	③	①	③	④	⑤	④	④	③	③	③	⑤

1 벚꽃이 피면 축제가 열리고, 축제가 열리면 소비가 활성화 되고, 지역경제가 살아난다. 따라서 벚꽃이 피면 지역경제가 살아난다.

2 인기도 순서 ··· A그룹 > V그룹 > S그룹 > K그룹

3 첫 번째 사실의 대우이므로 반드시 참이다.

4 궤변론자는 논쟁을 두려워한다. ··· ③의 대우
논쟁을 두려워하는 사람은 실력 있는 사람이 아니다. ··· 전제1의 대우
따라서 궤변론자들은 실력 있는 사람이 아니다.

5 '직무교육을 받은 어떤 사원은 업무능력이 좋다'는 결론이 나오려면 사원은 직무교육을 받는다는 전제가 있어야 한다.

6 많은 연습(p), 골(q), 좋은 축구선수(r), 팬의 즐거움(s)라고 할 때, 주어진 전제는 'p → q', '~ s → ~ r(= r → s)'이다. 따라서 'p → s'가 반드시 참이 되기 위해서는 'q → r(또는 ~ r → ~ q)'가 필요하므로 '골을 넣는 선수는 좋은 축구선수이다'가 있으면 결론이 반드시 참이 된다.

7 화학비료 → 달지 않은 사과 → 예쁘게 생김
따라서 '달지 않은 딸기는 예쁘게 생겼다.'라는 전제가 있어야 한다.

8 가위바위보를 해서 모두 이기면 30 × 5 = 150점이 된다. 여기서 한 번 비기면 총점에서 4점이 줄고, 한 번 지면 총점에서 6점이 줄어든다. 만약 29번 이기고 1번 지게 되면 (29 × 5) + (−1) = 144점이 된다. 즉, 150점에서 −6, 또는 −4를 통해서 나올 수 있는 점수를 가진 사람만이 참이다. T의 점수 140점은 (28 × 5) + 1 − 1 = 140이므로, 1번 지고, 1번 비길 경우 나올 수 있다.

9 '농부는 행복한 사람이다'가 참이 되려면, '농부는 매사에 만족할 줄 아는 사람이다'와 '매사에 만족할 줄 아는 사람은 행복한 사람이다'가 필요하다.

10 '리더는 구성원들을 이끌 수 있는 사람이다'가 참이 되려면, '리더는 적극적으로 참여하는 사람이다'와 '적극적으로 참여하는 사람은 구성원들을 이끌 수 있는 사람이다'가 필요하다.

11 '끈기가 있는 사람은 성공할 수 있는 사람이다'가 참이 되려면 '끈기가 있는 사람은 도전하는 사람이다'와 '도전하는 사람은 성공할 수 있는 사람이다'가 필요하다.

12 '긍정적인 사람은 남을 포용할 수 있는 사람이다'가 참이 되려면, '긍정적인 사람은 남을 탓하지 않는 사람이다'와 '남을 탓하지 않는 사람은 남을 포용할 수 있는 사람이다'가 필요하다.

13 ㉠ A가 제일 먼저 갈 지역은 통영이다.
　　㉡ 통영에 간다면 창원에는 가지 않는다.
　　㉢ A는 창원에 가지 않으므로 거제에 간다.
　　㉣ A가 거제에 간다면 진주에 간다.
　　㉤ A는 거제에 가고 김해에 간다.
　　따라서 A가 가게 될 지역은 통영, 거제, 진주, 김해이다.

14 丁, 戊 / 甲
　　乙 / 甲
　　丙 / 丁
　　丙의 집이 가장 처음은 아니므로, 戊가 가장 처음(戊 / 丙 / 丁 / 乙 / 甲)이 된다.

15 개척과 개간은 유의어 관계이다. 따라서 발명의 유의어인 창안이 정답이다.
　　② 달변 : 능숙하여 막힘이 없는 말을 이른다.
　　③ 배출 : 안에서 밖으로 밀어 내보냄을 이르는 말이다.
　　④ 유보 : 어떤 일을 당장 처리하지 아니하고 나중으로 미루어 두는 것을 이르는 말이다.
　　⑤ 이면 : 물체의 뒤쪽 면을 이르는 말이다.

16 고무와 타이어는 원료와 제품 관계이다. 따라서 보기 중 가죽의 제품인 재킷이 적절하다.

17 색칠된 네모 칸이 시계 방향으로 한 칸씩 이동하고 있다. 따라서 '?'에 들어가는 도형은 ③이 된다.

18 1열과 3열의 도형이 겹쳐져서 2열의 도형이 된다.

19 1열과 2열의 내부 도형과 선이 합쳐져 3열의 도형이 되며 내부 도형이 겹쳐지는 경우, 3열에서 색칠되어 표시된다. 빈칸이 제시된 행의 3열을 보면 색칠된 도형이 있으므로 2열과 같은 위치에 삼각형이 있음을 알 수 있고 2열에 없는 세로선을 가지고 있음을 알 수 있다.

20 ☆ abcd → a + 1, b + 1, c + 1, d + 1
★ abcd → a − 2, b − 2, c − 2, d − 2
◇ abcd → dcba
◆ abcd → badc

ㄱ	ㄴ	ㄷ	ㄹ	ㅁ	ㅂ	ㅅ	ㅇ	ㅈ	ㅊ	ㅋ	ㅌ	ㅍ	ㅎ
1	2	3	4	5	6	7	8	9	10	11	12	13	14

A	B	C	D	E	F	G	H	I	J	K	L	M
1	2	3	4	5	6	7	8	9	10	11	12	13
N	O	P	Q	R	S	T	U	V	W	X	Y	Z
14	15	16	17	18	19	20	21	22	23	24	25	26

ㅊㅎHP → ㅇㅌFN → NFㅌㅇ

21 UKㄱㅊ → KUㅊㄱ → LVㅋㄴ

22 ㅁHㄷI → ㅂIㄹJ → IㅂJㄹ → GㄹHㄴ

23 QㅂNㅌ → ◆(ㅂQㅌN) → NㅌQㅂ → LㅊOㄹ

24 3문단에서 수직적 인수합병은 동일한 분야에 있으나 생산 활동 단계가 다른 업종 간에 이루어진다고 확인할 수 있다.

25 회화에서 통일성을 잘 구현한 작가들의 작품에 대해서는 언급하고 있지 않다.
①은 1문단, ②는 2문단, ③은 3문단, ⑤는 4문단에서 확인할 수 있다.

26 베이징 올림픽 때 실시한 인공강우로 인해 비가 내린 지역의 주변 지역에서 극심한 가뭄이 발생되었다는 본문의 설명을 통해 추리해 본다면, 인공강우가 특정 지역에서 비를 먼저 내리게 함으로써 해당 지역에 비를 내릴 수 있는 구름이 사라졌다고 판단하는 것이 적절하다.

27 ③ 둘째 문단에서 액션은 건반을 누른 힘보다 더 큰 힘으로 액션에 있는 해머가 현을 때리도록 하는 지렛대 역할을 수행하고 있음을 알 수 있다. 따라서 건반을 세게 내리치듯 누르면 액션은 이를 자연스럽게 완화시키는 기능을 하는 것이 아니라 오히려 더 큰 힘으로 현을 때리게 한다.

① 셋째 문단의 마지막 문장을 보면 음향판의 모양은 피아노 특유의 음색에 변화를 가져올 수 있다고 진술되어 있다.

② 셋째 문단 첫 문장을 보면 건반 하나에 액션은 하나가 대응하지만 현은 그렇지 않음을 알 수 있다. 또한 해머 하나에 여러 개의 현이 대응되어 있음을 알 수 있다.

④ 둘째 문단을 보면 건반과 연결된 해머가 현을 때리면 현이 진동하게 되고, 이 진동으로 생성된 음이 음향판에서의 증폭을 거쳐 소리가 나는 것을 알 수 있다. 따라서 건반을 눌러도 소리가 나지 않는다면 해머가 현을 때리지 못하고 있을 가능성이 있다고 판단할 수 있다.

⑤ 둘째 문단에서 액션의 세 번째 기능을 보면 액션은 해머의 방해로 현이 자유롭게 진동하지 못하는 것을 막기 위해 해머가 현을 때리는 즉시 현으로부터 이탈하게 한다. 이러한 기능이 없다면 연주자가 의도한 대로 현이 울리지 않을 가능성이 있다.

28 3문단에서 현대의 역사주의는 종교나 철학사상 혹은 문학 등 동서고금의 모든 문화적 현상들을 현재 우리와는 전혀 다른 시대에 산출된 이질적인 것으로 의식하면서 그것들을 우리들의 주관적 편견을 제거한 객관적인 역사적 연구 대상으로 삼는다는 것을 확인할 수 있다.

29 2문단과 3문단에서 용승이 일어나면 동태평양 페루 연안의 해수면 온도가 같은 위도의 다른 해역보다 낮아진다고 설명하고 있다.

30 ㈍는 앞에서 설명한 내용과는 다른 관점에서 중심 화제의 의의를 제시하고 있다.

chapter 02 제2회 정답 및 해설

01. 수리

1	2	3	4	5	6	7	8	9	10	11	12	13	14	15	16	17	18	19	20
①	①	⑤	④	⑤	②	④	⑤	③	②	④	②	①	④	②	⑤	①	③	③	③

1 B의 농도는 x, A의 농도는 $(1 + 0.2)x = 1.2x$ 일 때

C의 농도는 $(1.2x - x) \times \dfrac{80}{100} = 0.2x \times 0.8 = 0.16x$이다.

$x < 0.16x < 1.2x$이므로 B < C < A가 된다.

2 거리 = 시간 × 속력

시속을 구해야하므로 분을 시로 환산하면 10분은 $\dfrac{10}{60} = \dfrac{1}{6}$, 30분은 $\dfrac{30}{60} = \dfrac{1}{2}$이다.

러닝머신에서 달린 거리를 구하면, $\left(\dfrac{1}{6} \times 8\right) + \left(\dfrac{1}{2} \times 12\right) + \left(\dfrac{1}{6} \times 8\right) = \dfrac{3}{8} + 6 = \dfrac{26}{3}$

총 거리는 $\dfrac{26}{3}$, 총 시간은 $\dfrac{5}{6}$이다.

평균 시속은 $\dfrac{\dfrac{26}{3}}{\dfrac{5}{6}} = \dfrac{156}{15} = 10.4(\text{km/h})$가 된다.

3 ㉠ 2018년에 신문을 본다고 응답한 인구 중에서 일반 신문과 인터넷 신문을 모두 본다고 응답한 비율은 최대 67.8%이다.

㉡ 2018년과 2020년의 조사 대상자 수를 알 수 없기 때문에 신문을 본다고 응답한 인구수의 크기를 비교할 수 없다.

㉢ 2020년 인터넷 신문을 본다고 응답한 인구수는 A 지역의 경우 79.5% 중 80.6%이고, B 지역의 경우는 65.8% 중 82.5%이므로 A 지역이 B 지역 보다 많다.

㉣ 2018년과 2020년에 각각 신문을 본다고 응답한 인구 중에서 일반 신문을 보는 비율과 인터넷 신문을 보는 비율을 나타낸 것이므로 비율이 높으면 인구수도 많다. 따라서 2018년과 2020년 모두 일반 신문보다 인터넷 신문을 본다고 응답한 인구수가 더 많다.

4 ㉠ 주어진 기간 동안 강풍 피해금액과 가뭄 피해금액의 합계를 각각 계산하여 비교하기 보다는 소거법을 이용하여 비교하는 것이 좋다. 비슷한 크기의 값들을 서로 비교하여 소거한 뒤 남은 값들의 크기를 비교해주는 것으로 2016년 강풍과 2017년 가뭄 피해금액이 70억 원으로 동일하고 2012, 2013, 2015년 강풍 피해금액의 합 244억 원과 2016년 가뭄 피해금액 241억 원이 비슷하다. 또한 2014, 2019년 강풍 피해금액의 합 336억 원과 2014년 가뭄 피해금액 331억 원이 비슷하다. 이 값들을 소거한 뒤 남은 값들을 비교해보면 강풍 피해금액의 합계가 가뭄 피해금액의 합계보다 더 작다는 것을 알 수 있다.

㉡ 2019년 태풍 피해금액이 2019년 5개 자연재해 유형 전체 피해금액의 90% 이상이라는 것은 즉, 태풍을 제외한 나머지 4개 유형 피해금액의 합이 전체 피해금액의 10% 미만이라는 것을 의미한다. 2019년 태풍을 제외한 나머지 4개 유형 피해금액의 합을 계산하면 전체 피해금액의 10% 밖에 미치지 못함을 알 수 있다.

㉢ 피해금액이 매년 10억 원보다 큰 자연재해 유형은 호우, 대설이 있다.

㉣ 피해금액이 큰 자연재해 유형부터 순서대로 나열하면 2017년 호우, 태풍, 대설, 가뭄, 강풍이며 이 순서는 2018년의 순서와 동일하다.

5 조건에 따른 대상은 경기도, 강원도, 충청도, 전라도, 경상도, 제주도이다. 이에 따른 증감률은 경기도 $-2.6\%p$ 강원도 $-1.5\%p$ 충청도 $0.8\%p$ 전라도 $-0.3\%p$ 경상도 $-2.3\%p$ 제주도 $1.7\%p$ 이므로 증가율이 가장 큰 지역은 제주도, 감소율이 가장 큰 지역은 경기도가 된다.

6 ㉠ A 지역의 노인복지관, 자원봉사자 수를 각각 4배할 경우 전국의 노인복지관, 자원봉사자 수를 초과한다. 그러므로 A 지역의 노인복지관, 자원봉사자 수는 각각 전국의 25% 이상이다.

㉡ D 지역의 경우 복지종합지원센터 1개소당 노인복지관 수는 104개로 100개소를 초과한다.

㉢ 복지종합지원센터 1개소당 자원봉사자 수 또는 등록노인 수가 가장 많으려면 분모에 해당하는 복지종합지원센터의 수는 작고, 자원봉사자 수 또는 등록노인의 수가 많아야 한다. E 지역의 경우 복지종합지원센터의 수가 1개소인 지역(C, E, F, I) 중 자원봉사자 수와 등록노인 수 각각에서 가장 많은 수를 차지하고 있으며, 그 외 지역과 비교해보아도 상대적으로 많은 자원봉사자 수와 등록노인 수를 보유하고 있어 복지종합지원센터 1개소당 자원봉사자 및 등록노인 수 각각에서 가장 많은 지역에 해당한다.

㉣ H 지역과 C 지역의 노인복지관 1개소당 자원봉사자 수를 비교하면 C 지역은 $\dfrac{970}{121} = 8$(명), H 지역은 $\dfrac{2,185}{362} = 6$(명)이므로 H 지역이 더 적다.

7 2021년에 채용되는 직무별 사원수는 다음과 같다.

구분	사무직	연구직	기술직	대졸사원
인원	974명	513명	308명	205명

기술직 사원의 수는 전년도 대비 감소하며, 연구직 사원은 전년도 대비 313명 증가, 2021년 대졸사원의 수는 2020년보다 감소한다.

8 총매출액 35,801,000원으로 매출액이 가장 크다.

9 보수총액은 3,570,000원이며, 공제총액은 570,000원으로 실수령액은 3,000,000원이다. 봉급 2,530,000원과 보수총액 3,570,000을 비교하면 70% 이상이며, 실수령액은 봉급의 1.19배 정도이다. 일반기여금 284,000원이 15% 증가하면 326,600원. 즉 42,600원이 증가하게 되므로 공제총액은 612,600원이 된다. 장기요양보험료의 15배는 105,000원으로 건강보험료 103,000원은 15배 이하이다. 공제총액에서 일반기여금이 차지하는 비중은 $\frac{284,000}{570,000} \times 100 = 49.8\%$, 직급보조비가 보수총액에서 차지하는 비중은 $\frac{250,000}{3,570,000} \times 100 = 7\%$이므로 6배 이상이다.

10 (가) $1 : 51 = 0.078 : x$
$\therefore\ x = 3.978$
(나) $1 : 51 = 0.196 : x$
$\therefore\ x = 9.996$

11 甲 68점, 乙 70점, 丙 66점, 丁 78점, 乙 65점, 己 67점이므로,
$\frac{68+70+66+78+65+67}{6} = 69(점)$

12 $\frac{1\times1+x\times2+3\times9+4\times5}{15+x} = 2.8$
$2x + 48 = 2.8x + 42$
$0.8x = 6$
$\therefore\ x = 7.5$

13 $x = 667.6 - (568.9 + 62.6 + 22.1) = 14.0$

14 ④ 2019년 : $\frac{667.6 - 609.1}{609.1} \times 100 = 9.6(\%)$

① 2016년 : $\frac{591.4 - 575.8}{575.8} \times 100 = 2.7(\%)$

② 2017년 : $\frac{605.5 - 591.4}{591.4} \times 100 = 2.4(\%)$

③ 2018년 : $\frac{609.1 - 605.5}{605.5} \times 100 = 0.6(\%)$

⑤ 2020년 : $\frac{697.7 - 667.6}{667.6} \times 100 = 4.5(\%)$

15 ㉠ $100 - 24.9 - 10.3 - 3.3 - 1.9 - 5.4 = 54.2$

㉡ $100 - 9.3 - 64.3 - 6.4 - 2.4 - 9.1 = 8.5$

㉢ $100 - 81.1 - 1.2 - 11.3 - 1.5 - 3.2 = 1.7$

16 ㉢ 2020년 A기업 평균 임금이 B기업 평균 임금의 60%이므로 B기업 평균 임금은 A기업 평균 임금의 두 배가 되지 않는다.

㉣ 고졸 평균 임금 대비 중졸 평균 임금 값과 고졸 평균 임금 대비 대졸 평균 임금의 값 간의 차이는 2018년과 2020년에 0.42로 같다. 하지만 비교 기준인 고졸 평균 임금이 상승하였으므로 중졸과 대졸 간 평균 임금의 차이는 2018년보다 2020년이 크다.

17 A제품의 3개월간 점유율은 32.33%이며, B제품의 3개월간 점유율은 33.67%이므로 B제품 점유율이 더 높다.

18 • A : $40,000,000 + (450,000 \times 12) + (200,000 \times 12) = 47,800,000$

• B : $30,000,000 + (450,000 \times 12) + (300,000 \times 12) = 39,000,000$

• C : $18,000,000 + (600,000 \times 12) + (200,000 \times 12) = 27,600,000$

19 • A : $40,000,000 + (200,000 \times 60) = 52,000,000$

• B : $30,000,000 + (300,000 \times 60) = 48,000,000$

• C : $18,000,000 + (200,000 \times 60) = 30,000,000$

20 ③④ A반 남학생 $= \dfrac{6.0+5.0}{2} = 5.5$

B반 남학생 $= \dfrac{6.0+6.5}{2} = 6.25$

A반 여학생 $= \dfrac{6.5+5.5}{2} = 6$

B반 여학생 $= \dfrac{6.0+5.0}{2} = 5.5$

① A반 평균 $= \dfrac{(20\times6.0)+(15\times6.5)}{20+15} = \dfrac{120+97.5}{35} = 6.2$

B반 평균 $= \dfrac{(15\times6.0)+(20\times6.0)}{15+20} = \dfrac{90+120}{35} = 6$

② A반 평균 $= \dfrac{(20\times5.0)+(15\times5.5)}{20+15} = \dfrac{100+82.5}{35} = 5.2$

B반 평균 $= \dfrac{(15\times6.5)+(20\times5.0)}{15+20} = \dfrac{97.5+100}{35} = 5.6$

⑤ 남학생 $= \dfrac{5.0\times20+6.5\times15}{35} = 5.6$

여학생 $= \dfrac{5.5\times15+5.0\times20}{35} = 5.2$

02. 추리

1	2	3	4	5	6	7	8	9	10	11	12	13	14	15
③	③	⑤	①	①	③	①	③	②	⑤	③	③	①	③	①
16	17	18	19	20	21	22	23	24	25	26	27	28	29	30
②	④	④	①	⑤	①	③	④	②	③	④	④	③	①	③

1 경제가 어려워지거나 부동산이 폭락한다고 했는데 부동산이 폭락한 것은 아니므로, 경제가 어려워진다. 두 번째 조건의 대우에 의하면 긴축정책을 시행하면 물가가 오르지 않는다. 경제가 어려워진다면 긴축정책이 시행되고, 긴축정책을 시행하면 물가가 오르지 않는다.

2 잘하는 순서
　　㉠ 수영 : B > C > D
　　㉡ 달리기 : D > A > B

3 B를 중심으로 정리하면 A는 아버지, C는 어머니, E는 외할아버지, D는 외할머니에 해당하며, B의 성별은 알 수 없다.

4 을은 갑보다 1시간 덜 공부하므로 하루에 4시간 공부한다. 병이 하루에 7시간 공부한다는 결론이 참이려면 '병은 을보다 3시간 더 공부한다' 또는 '병이 갑보다 2시간 더 공부한다'는 전제가 필요하다.

5 '낭만적이지 않은 어떤 사람'이라는 결론이 나오기 위해서는 '낭만적이지 않은 사람'에 대한 개념이 있어야 한다.

6 ③ H가 두 번째 칸에 탄다면 D 앞에는 B와 C가 나란히 탈 자리가 없으므로 B와 C는 D보다 뒤에 타게 된다.
　　① F가 D보다 앞에 탄다면 D 앞에 F와 H가 타게 되어 B와 C가 나란히 탈 자리가 없으므로 B와 C는 D보다 뒤에 타게 된다.
　　② G가 D보다 뒤에 탄다는 사실을 알더라도 B와 C가 어디에 타는지 알 수 없다.
　　④ B가 D의 바로 뒤 칸에 탄다면 E는 일곱 번째 칸 또는 마지막 칸에 타게 된다.
　　⑤ C가 두 번째 칸에 탄다면 H는 첫 번째 칸 또는 세 번째 칸에 타게 된다.

7 ② 오리를 구경하면 기린을 구경할 수 없다.
　　③ 호랑이를 구경할 경우에만 사자를 구경할 수 있다.
　　④ 호랑이를 구경하면 오리를 구경할 수 없다.
　　⑤ 학을 구경하면 사자를 반드시 구경한다.

8 '리코더를 잘 못 부는 플루티스트가 있다'가 참이라면, '모든 플루티스트가 리코더를 잘 분다'는 반드시 거짓이다.

9

순서	첫 번째	두 번째	세 번째	네 번째	다섯 번째	여섯 번째
나라	아프리카의 한 나라	미국	일본	중국	프랑스/영국	프랑스/영국

10 진술을 정리하면 다음과 같다.

구분	빌라	~ 빌라
북구	오른손	~ 의심
남구	오른손, 의심	가난

甲은 왼손잡이라고 했으므로 진술 ㉡의 대우에 의해 甲은 빌라에 살고 있지 않음을 알 수 있다. 따라서 반드시 참인 것은 ⑤이다.
①②④ 참인지 거짓인지 판단할 수 없다.
③ 거짓이다.

11 보기 내용을 정리하면 다음과 같다.

구분	커피	홍차	코코아	우유
A	×	×	×	○
B	×	×	○	×
C	○	×	×	×
D	×	○	×	×

12 주어진 조건으로 두 가지 경우가 존재한다. A의 앞말이 진실이고 뒷말이 거짓인 경우와 그 반대의 경우를 표로 나타내면 다음과 같다.

구분	나	타인	케이크	구분	나	타인	케이크
A	참	거짓	먹음	A	거짓	참	안 먹음
B	거짓	참	먹음	B	참	거짓	안 먹음
C	참	거짓	안 먹음	C	거짓	참	먹음

13 추론의 과정을 정리해보면 다음과 같다.
- K가 엔지니어가 아니라면 그는 연구원이다. 그런데 모든 연구원은 붉은색 넥타이를 착용한다. 그러나 K는 푸른색 넥타이를 착용한다. → 따라서 K는 엔지니어이다.
- 그는 인도인이거나 영국인이다. 그런데 어느 영국인도 한국 생활을 경험해 본 적이 없다면, 김치를 먹을 줄 모른다. 그리고 한국 생활을 경험한 엔지니어들은 모두 붉은색 넥타이를 착용한다. → 따라서 그는 한국 생활을 하지 않은 인도인이거나 영국인이다.(푸른 넥타이를 착용했으므로)

이때 결론을 내릴 수 있는 조건은 '김치를 먹을 줄 알면 인도인이고 그렇지 않으면 영국인'인데 결론은 인도인이라고 내렸으므로 중간 조건 즉 생략된 전제는 '그(K)는 김치를 먹을 줄 안다. 따라서 그는 영국인이 아니다'로 도출된다.

14 대회 종류 후 나눈 대화가 성립하려면 다음의 두 가지 조건이 만족되어야 한다.

- B와 E를 제외한 A, C, D는 적어도 한 게임은 이기고, 한 게임은 져야 한다.
- B는 한 게임 이상 이겨야 하고, E는 한 게임 이상 져야 한다.

각 선수가 얻은 점수의 총합이 큰 순으로 매긴 순위가 A > B이므로 A는 6점(3승 1패), B는 5점(1승 3무)를 받는다. B가 C, D, E와 모두 비긴 조건에서 D가 적어도 한 게임은 이겨야 하므로 D는 최소 3점 이상을 획득하는데 점수의 총합이 C > D이므로 C는 4점(1승 2무 1패), D는 3점(1승 1무 2패)을 받는다. 이를 정리하면 다음과 같다.

	A	B	C	D	E
A	–	B승(2점)	C패(0점)	D패(0점)	E패(0점)
B	A패(0점)	–	무(1점)	무(1점)	무(1점)
C	A승(2점)	무(1점)	–	D패(0점)	무(1점)
D	A승(2점)	무(1점)	C승(2점)	–	E패(0점)
E	A승(2점)	무(1점)	무(1점)	D승(2점)	–
총점	6점	5점	4점	3점	2점

색이 칠해진 칸과 칠해지지 않은 칸은 중복이므로 총 10번의 게임 중 4번의 게임이 비긴 게임이다.

15 소설과 문학은 상하 관계이다. 가구가 적절하다.

16 기정과 미정은 반의어 관계이다. 따라서 급증의 반의어인 격감이 적절하다.
① 증익 : 더하여져 늚, 또는 더하여 늘게 함을 이르는 말이다.
③ 미결 : 아직 결정하거나 해결하지 아니함을 이르는 말이다.
④ 단안 : 옳고 그름을 판단하는 것을 말한다.
⑤ 낙착 : 문제가 되던 일이 결말 맺는 것을 말한다.

17 첫 번째 열의 도형의 안과 밖이 두 번째 열에서 바뀌고, 세 번째 열에서는 색이 반전된다.

18 2열은 1열에서 선이 하나 그어지고 3열은 2열에서 선이 하나 더 그어진다. 또한 1행, 2행, 3행은 차례로 90°씩 회전한다.

19 첫 번째, 두 번째, 세 번째 열을 모두 합하면 '田' 모양이 된다.

20 ♡ abcd → a + 1, b + 2, c + 3, d + 4
△ abcd → acbd
○ abcd → a + 2, b + 0, c + 1, d + 0

A	B	C	D	E	F	G	H	I	J	K	L	M	N	O	P	Q	R	S	T	U	V	W	X	Y	Z
1	2	3	4	5	6	7	8	9	10	11	12	13	14	15	16	17	18	19	20	21	22	23	24	25	26

NINE → OKQI → OQKI

21 TTPN → TPTN

22

ㄱ	ㄴ	ㄷ	ㄹ	ㅁ	ㅂ	ㅅ	ㅇ	ㅈ	ㅊ	ㅋ	ㅌ	ㅍ	ㅎ
1	2	3	4	5	6	7	8	9	10	11	12	13	14

ㄹㅎㅈㄱ → ㄹㅈㅎㄱ → ㅁㅋㄷㅁ

23

ㅏ	ㅑ	ㅓ	ㅕ	ㅗ	ㅛ	ㅜ	ㅠ	ㅡ	ㅣ
1	2	3	4	5	6	7	8	9	10

ㅏㅓㅑㅗ → ㅓㅓㅓㅗ → ㅕㅗㅛㅡ

24 ①③④⑤는 위 내용들을 비판하는 근거가 되지만, ②는 위 글의 주장과는 연관성이 거의 없다.

25 첫 문단의 '일정한 목적의식이나 문제의식을 안고 달려드는 독서일수록 사실은 능률적이라고 할 수 있다', '마찬가지로 일정한 주제의식이나 문제의식을 가지고 독서를 할 때 보다 창조적이고 주체적인 독서행위가 성립될 것이다' 등의 문장을 통해 유추할 수 있다.

26 첫 번째 문장이 주제문이라고 할 수 있다. 세계 경제는 긴밀하게 연결되어 있기 때문에 서로 영향을 주고받는다. 따라서 글의 중심 화제는 '유기체적인 세계 경제'이다.

27 아리스토텔레스는 모든 자연물이 목적을 추구하는 본성을 타고나며, 외적 원인이 아니라 내재적 본성에 따른 운동을 한다는 목적론을 제시하였다. 아리스토텔레스에 따르면 이러한 본성적 운동의 주체는 단순히 목적을 갖는 데 그치는 것이 아니라 목적을 실현할 능력도 타고난다.

28 공동의 온도에 따른 복사에너지량에 대해서는 글에 제시되지 않았다.

29 노마디즘의 진정한 의미에 대해 설명하고 있다. 따라서 ①이 가장 적절하다.

30 유목민은 불모가 된 땅을 떠나지 않고 오히려 살아가는 법을 창안하며, 성공을 버릴 줄 알고 실패와 대결하며 새로이 길을 찾아내는 자들이라고 하였다. 따라서 ③이 가장 적절하다.

c h a p t e r

03 제3회 정답 및 해설

01. 수리논리

1	2	3	4	5	6	7	8	9	10	11	12	13	14	15	16	17	18	19	20
②	④	②	④	②	④	⑤	④	③	②	⑤	⑤	①	②	③	⑤	①	②	③	①

1 거리 = 시간 × 속력이므로, 은행과의 거리는 $14 \times \dfrac{15}{60} = 7$(km)이다.

2 20%의 소금물 50g에 녹아있는 소금의 양은 $0.2 \times 50 = 10$(g), 소금물 25g과 물 25g을 더 넣었으므로 물의 양은 100g이 된다. 100g의 소금물의 농도는 25g이므로 녹아있는 소금의 양은 $0.25 \times 100 = 25$(g)이다. 처음 소금의 양보다 15g 증가하였으므로 농도가 x%인 소금물 25g에는 15g의 소금이 녹아있다.

$$\frac{x}{100} \times 25 = 15$$
$$\therefore x = 60$$

3 2016년 대비 2017년 1분위의 월평균 교육비는 증가하였으나 월평균 소비 지출액에서 교육비가 차지하는 비율(7.8%)은 변하지 않았다. 이는 1분위의 월평균 소비 지출액이 증가했기 때문이다.

4 ㉠ 설문 조사에 참여한 장노년층과 농어민의 수가 제시되어 있지 않으므로 이용자 수는 알 수 없다.
㉢ 스마트폰 이용 활성화를 위한 대책으로 경제적 지원이 가장 효과적인 취약 계층은 저소득층이다.

5 한 주의 시작은 월요일, B부품을 구매하는 날은 일요일이므로 1주차에는 A제품을 만들지 못한다. 주문량도 0, 재고도 0이 된다. 2주차에는 A제품을 250개 만들어 200개 판매하였으므로 재고는 50개가 남는다. 3주차에는 50개의 재고와 A제품을 450개 만들어 450개 판매하였으므로 재고는 50개가 남는다.

6 ④ 50대 인구 10만 명당 사망자 수가 가장 많은 해는 2010년으로 전년대비 사망자 수 증가율은 6.2%이다.
① 2017년 전체 사망자 수는 4,111 + 424 = 4,535(명)이고 2019년 전체 사망자 수는 4,075 + 474 = 4,549(명)이다.
② 2013년과 2019년에는 전년대비 감소하였다.
③ 2018년과 2020년에는 각각 7.95배, 7.43배 차이가 난다.
⑤ 2008년 증가율은 13.7%이고, 2010년 증가율은 15.4%이다. ※ 전년대비 증가율 = (후년 ÷ 전년 − 1) × 100(%)

7   2020년 강도와 살인의 발생건수 합은 5,753 + 132 = 5,885건으로

4대 범죄 발생건수의 26.4%$\left(\dfrac{5,885}{22,310} \times 100 = 26.37\right)$이다. 검거건수의 합은 5,481 + 122 = 5,603건으로

4대 범죄 검거건수의 28.3%$\left(\dfrac{5,603}{19,771} \times 100 = 28.3\right)$이다.

① 2017년 인구 10만 명당 발생건수는 $\dfrac{18,258}{49,346} \times 100 = 36.99$이므로 매년 증가한다.

② 발생건수와 검거건수가 가장 적게 증가한 연도는 2019년으로 동일하다. 발생건수 증가율은 2018년 6.8%, 2019년 0.9%, 2020년 13.4%, 검거건수 증가율은 2018년 1.73%, 2019년 1.38%, 2020년 18.9%이다.

③ 2020년 발생건수 대비 검거건수 비율이 가장 낮은 범죄 유형의 발생건수는 강도 95%, 살인 92%, 정도 85%, 방화 99%에서 절도이다. 2020년 4대 범죄 유형별 발생건수 총 22,310건이고 60%는 13,386건이 된다. 절도의 발생건수는 14,778건이므로 60%가 넘는다.

④ 2016년 92.3%, 2017년 88.3%, 2018년 84.1%, 2019년 84.5%, 2020년 88.6%로 매년 80% 이상이다.

8   부상자 수가 가장 많은 시간대는 16 ~ 18시, 18 ~ 20시, 14시 ~ 16시 순이다.

9   ㉠ $\dfrac{3,544}{62,136} \times 100 = 5.70$

㉡ $\dfrac{5,706}{63,314} \times 100 = 9.01$

10 $\dfrac{151}{5,727} = 0.026$

11   행사에 참여하는 총 인원은 대학생 597명(193명 + 174명 + 230명)에 담당자 세 명, 600명이다. 여기에 10%의 여유인원을 수용해야 하므로 최소 660명을 수용할 수 있는 곳이 적절하다.

12   공통책자는 ○○물산 설명회에 참여하는 대학생 인원의 5% 여유분을 포함한다고 하였으므로 597권(참여 대학생 인원) + 30권(10% 여유분 단, 반올림) = 627권을 준비해야 한다. 계열에 따른 책자는 15권씩 더 제작한다고 하였으므로 인문계열은 208권, 사회계열은 189권, 공학계열은 245권을 준비해야 한다. 따라서 甲이 제작해야 하는 홍보책자는 모두 1,269권이 된다.

13   제작해야 하는 홍보책자는 총 627권(공통책자) + 245권(공학계열) = 872권이며 모든 홍보책자는 권당 70페이지라고 하였으므로 872(권) × 70(페이지) = 61,040(페이지)다.
페이지당 가격은 10원이므로 지불해야하는 금액은 총 610,400원이다.

14 ② 금융성채무의 비율은 15%로 일정하게 유지가 되고 있다.

① 국가채무의 비율과 GDP 금액을 곱하면 1.5배 이상 차이가 나는 것을 알 수 있다.

③ GDP 추이에 따라 확인하면 적자성채무는 2014년부터 200조원 이상 있고 2019년부터는 300조원 이상이 된다.

④ 금융성채무비율은 15%대를 유지하고 있다. 2017년부터 16.9가 되어 금융성채무비율보다 높아졌다.

⑤ GDP 추이에 따라 GDP 금액을 곱하면 1.5배 이상 차이가 나는 것을 알 수 있다.

15

두 번째 구매 \ 첫 번째 구매	소형차	중형차	대형차	합계
소형차	10	0	5	20
중형차	15	30	10	50
대형차	5	10	15	30
합계	30	40	30	100

③ 표를 확인하면 첫 번째 구매는 중형차 40%이고, 두 번째는 50%로 다른 차량에 비해 높다.

① 중형차를 구입한 경우 두 번째로 소형차를 선택한 경우는 0%이다.

② 첫 번째로 대형차를 구입하는 경우는 5%로 소형차보다 낮다.

④ 소형차를 구매하면 두 번째 차량으로 중형차를 선택한다.

⑤ 차량의 규모를 바꾼 비율은 소형차는 20%, 중형차는 10%, 대형차는 15%이다.

16 ⑤ 2005년 OECD 평균 고등교육 이수율은 26.3으로 일본과 1.5배 이상 차이가 난다.

① 한국은 18.4가 증가했고 룩셈부르크는 25.1이 증가하여서 룩셈부르크가 제일 상승폭이 크다.

② 에스토니아의 2005년 대비 2019년 고등교육 이수율 상승률은 8.4이고 멕시코는 5.2로 1.5배이다.

③ OECD 37개국 평균값은 38.0으로 한국은 50.0으로 차이가 크다.

④ 이스라엘은 7.2 증가했고, 독일이 5.3으로 변동폭이 제일 적다.

17

연도	2018	2019	2020
국가별 생산량 차이	910,870	930,394	1,000,416

증감률을 구하는 방식은 $\dfrac{비교대상-기준}{기준} \times 100$ 이다.

$\dfrac{1,000,416-910,870}{910,870} \times 100 = 9.8(\%)$ 이다.

18

연도 \ 구분	문서 작업량	오류 문서	발견율
2011	277	131	47.3
2012	197	150	76.0
2013	296	137	46.3
2014	492	167	33.9
2015	623	240	38.5
2016	391	204	67.7
2017	692	305	44.0
2018	496	231	46.6
2019	653	239	36.6
2020	620	246	39.7
계	4,737	2,050	476.6

작업자	사원	외주거래처	컴퓨터	프리랜서	합계
문서작업량	150	300	80	90	620
오류 문서	49	172	10	15	246
발견율	32.6	57.3	12.5	16.6	

① 2011 ~ 2020년까지 문서작업량은 대략 473건이다.

③ 오류문서가 제일 많이 발견된 2017년의 발견율은 44%로 문서작업량이 적은 2012년 발견율이 더 높다.

④ 오류 문서 발견율이 제일 적은 작업자는 컴퓨터이다.

⑤ 오류문서를 검토를 많이 한 외주거래처의 발견율이 제일 높다.

19 ③ 2016, 2017, 2019년에는 '의료급여 적용인구 ÷ 건강보험 적용인구(직장 + 지역) × 100'의 결과가 3%에 못 미치는 결과를 보이고 있다.

① 36,899 ÷ (36.899 + 14,042) × 100 = 72.4%이다.

② 직장 가입자는 증가 추세, 지역 가입자는 감소 추세이나 둘을 합한 가입자 수는 매년 꾸준히 증가하고 있음을 알 수 있다.

④ 피부양자(세대원) ÷ 가입자(세대주) = 부양률이 되는 것을 확인할 수 있으므로 올바른 판단이다.

⑤ 부양률을 의미하며, 매년 직장 가입자의 부양률이 지역 가입자의 부양률보다 크게 나타나 있다.

20 각 연도의 건강보험 적용인구에 대한 부양률을 구해 보면 다음과 같다.
- 2013년 : (19,620 + 9,482) ÷ (12,664 + 7,041) = 1.48
- 2020년 : (20,069 + 7,501) ÷ (16,830 + 6,541) = 1.18

따라서 (1.18 − 1.48) ÷ 1.48 × 100 = 약 − 20%의 감소율을 보이고 있음을 알 수 있다.

02. 추리

1	2	3	4	5	6	7	8	9	10	11	12	13	14	15
③	④	②	④	①	②	⑤	③	⑤	④	②	①	③	⑤	④
16	17	18	19	20	21	22	23	24	25	26	27	28	29	30
②	②	④	⑤	①	③	②	①	②	③	③	①	②	①	⑤

1 A마을에 사는 어떤 사람도 농사를 짓지 않는 사람은 없다는 것은 A마을의 모든 사람이 농사를 짓는다는 것과 같은 말이므로 벤다이어그램으로 나타내면 오른쪽 그림과 같다.

∴ '농사를 짓는 어떤 사람은 채식주의자이다'는 반드시 참이다.

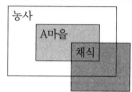

2 각각 대우를 구하면 '음악을 좋아하지 않는 사람은 팝송을 좋아하지 않는다', '음악을 좋아하지 않는 사람은 재즈를 좋아하지 않는다'이다. 따라서 ④는 항상 옳다.

3 참인 명제의 대우는 역시 참이므로, 두 번째 명제의 대우는 '딸기를 먹은 사람은 수박을 먹지 않은 사람이다'이며 나머지 명제들과 연결시켜보면, 사과 O → 딸기 O → 수박 X → 참외 X가 된다.

4 A가 진실을 말하고 있다면 C는 범인이 아니다.
B는 거짓을 말하고 있다.
D와 C 중 범인이 있다.
C가 범인이 아니므로 D가 범인이다.

5 甲과 丙의 진술로 볼 때, C = 삼각형이라면 D = 오각형이고, C = 원이라면 D = 사각형이다. C = 삼각형이라면 戊의 진술에서 A = 육각형이고, 丁의 진술에서 E ≠ 사각형이므로 乙의 진술에서 B = 오각형이 되어 D = 오각형과 모순된다. 따라서 C = 원이다. C = 원이라면 D = 사각형이므로, 丁의 진술에서 A = 육각형, 乙의 진술에서 B = 오각형이 되고 E = 삼각형이다. 즉, A = 육각형, B = 오각형, C = 원, D = 사각형, E = 삼각형이다.

6 • C는 A에게 이겼으므로 A는 붉은 구슬 2개가 된다.
• C는 B와 비겼으므로 구슬이 없고, B는 흰 구슬 1개가 된다.
• B는 A에게 졌으므로 A는 붉은 구슬 1개가 된다.

7 A가 C보다 빨리 들어왔으므로 B가 A보다 빨리 들어왔다는 전제 또는 A가 B보다 빨리 들어오지 못했다는 전제가 있으면 B가 가장 빨리 들어왔다는 결론이 참이 된다.

8 A가 어제 노란색 옷을 입었다면 오늘은 파란색 옷을 입었을 것이고 오늘 파란색 옷을 입었다면 내일은 빨간색 옷을 입을 것이다.

9 전제가 참이면 대우가 반드시 참이다. 전제2의 대우는 '잠꾸러기가 아닌 사람은 미인이 아니다'로 '甲은 잠꾸러기가 아니다'라는 전제가 있으면 결론은 참이 된다.

10 총 30회의 가위바위보 게임에서 모두 이길 경우 얻을 수 있는 점수는 150점이다.
- 甲, 乙 : 29회를 이길 경우 145점을 얻는데, 30번째에서 비길 경우 146점을, 질 경우 144점을 얻을 수 있다. → 甲, 乙 거짓
- 丙, 丁, 戊 : 28회를 이길 경우 140점을 얻는데, 29 ~ 30번째 모두 비길 경우 142점, 1번 비기고 1번 질 경우 140점, 2번 모두 질 경우 138점을 얻을 수 있다. → 丙, 戊 거짓, 丁 참

11
- 36개의 로봇을 6개씩 6팀으로 나눠 각 팀의 1위를 가린다. → 6경기
- 각 팀의 1위 로봇끼리 재경기를 해 1위를 가린다. → 1경기(가장 빠른 로봇이 가려짐)
- 가장 빠른 로봇이 나온 팀의 2위 로봇과 나머지 팀의 1위 로봇을 재경기해 1위를 가린다. → 1경기(두 번째로 빠른 로봇이 가려짐)

따라서 36개의 로봇 중 가장 빠른 로봇 1, 2위를 선발하기 위해서는 최소 8경기를 해야 한다.

12
- 목수는 이씨이고, 대장장이와 미장공은 김씨가 아니라는 조건에 의해 대장장이와 미장공은 박씨와 윤씨임을 알 수 있다. 그런데 마지막 조건에 따라 윤씨는 대장장이가 아니므로 대장장이는 박씨이고 미장공은 윤씨임을 알 수 있다. 따라서 2명의 김씨의 직업은 단청공과 벽돌공이다.
- 어인놈은 단청공이며, 상득은 김씨라는 조건에 따라 어인놈은 김씨이며 단청공이고, 상득은 김씨이며 벽돌공임을 알 수 있다.
- 어인놈이 단청공이고 상득이 벽돌공인 상황에서 2전 5푼의 일당을 받는 정월쇠는 대장장이며 박씨이다.
- 좀쇠는 박씨도 이씨도 아니라는 조건에 의해 윤씨이며 직업은 미장공이다.
- 마지막으로 남은 작은놈이 이씨이며 목수이다.

이름을 기준으로 일당을 정리하면,
- **좀쇠(윤씨, 미장공)** : 동원된 4일 중 3일을 일하고 1일을 쉬었으므로 4 × 4전 2푼 + 1전 = 17전 8푼을 받는다.
- **작은놈(이씨, 목수)** : 동원된 3일을 일하였으므로 3 × 4전 2푼 = 12전 6푼을 받는다.
- **어인놈(김씨, 단청공)** : 동원된 4일을 일하였으므로 4 × 2전 5푼 = 10전을 받는다.
- **상득(김씨, 벽돌공)** : 동원된 4일을 일하였으므로 4 × 2전 5푼 = 10전을 받는다.
- **정월쇠(박씨, 대장장이)** : 동원된 6일 중 5일을 일하고 1일을 쉬었으므로 5 × 2전 5푼 + 1전 = 13전 5푼을 받는다.

13 'E가 당직을 하면 A와 F도 당직을 하고, F가 당직을 하면 E는 당직을 하지 않는다'는 보기는 서로 모순된다. 따라서 E는 당직을 하지 않는다. C와 D 중 한 명이라도 당직을 하면 E도 당직을 하고, A가 당직을 하면 E도 당직을 하므로 A, C, D는 당직을 하지 않는다. 따라서 B와 F가 당직을 한다.

14
- 조건 ㉠에 따르면 A와 C는 일렬로 3자리를 차지하고 앉아야 한다.
  → A□C 또는 C□A가 가능하다. 이 때, 5개의 의자에 4명을 앉히므로 빈자리가 2개 있을 수는 없다.
- 조건 ㉡에 따르면 B와 D는 일렬로 2자리를 차지하고 앉아야 한다.
  → BD, DB가 가능하다.
- {AC}쌍을 왼쪽에 앉힌다면, ㉡에 의해 C□A는 안되고, A□C만이 가능하다. {BD}쌍은 BD와 DB 둘 다 가능하다.
  → A□CBD와 A□CDB가 가능하다.
- {BD}쌍을 왼쪽에 앉힌다면, BD와 DB 둘 다 가능하다. 그러나 {AC}쌍의 경우, ㉡에 의해, A□C는 안되고 C□A만이 가능하다.
  → BDC□A와 DBC□A가 가능하다.
이를 종합하면 가능한 경우는 다음 4가지이다.
A□CBD, A□CDB, BDC□A, DBC□A
따라서 확실히 참인 것은 '빈 의자는 중앙이나 양끝에 있지 않다'이다.

15 포유류와 염소는 상하 관계이다. 따라서 건반의 상하 관계인 피아노가 적절하다.

16 현실과 실상은 유의 관계이다. 따라서 절감과 유의 관계인 과약이 적절하다.

17 화살표의 모양이 반시계 방향으로 90°씩 회전하고 있으며, 흰색과 검정색의 화살표가 반복되고 있다.

18 색칠된 부분의 위치가 한 칸, 두 칸, 세 칸, 네 칸씩 건너뛰면서 이동하고 있다. 네 칸을 건너뛰고 난 뒤에는 다시 한 칸, 두 칸, 세 칸, 네 칸씩 건너뛰는 것이 반복된다.

19 ●는 상자의 바깥 면을 따라 반시계방향으로 이동하고 ■는 상자 바깥 면을 따라 시계 방향으로 이동, ▲는 반시계방향으로 90°씩 회전한다.

20 ◓ abcd → a+1, b+1, c+1, d+1

△ abcd → dcba

◑ abcd → dbca

◒ abcd → a−2, b−2, c−2, d−2

A	B	C	D	E	F	G	H	I	J	K	L	M
1	2	3	4	5	6	7	8	9	10	11	12	13
N	O	P	Q	R	S	T	U	V	W	X	Y	Z
14	15	16	17	18	19	20	21	22	23	24	25	26

5W8J → JW85 → KX96 → 69XK

21 WHAT → XIBU → YJCV → VJCY

22 YOUNG → GNUOY → YNUOG → WLSME

23 D6H3 → B4F1에서 C5G2가 되는 과정을 거치기 위해서는 각 자리에 1을 더하는 도식 ◓가 들어가야 한다.

24 3문단의 '이성의 작용도 일종의 원자 운동이라고 본 데모크리토스는 모양, 위치, 배열이라는 특징을 지니는 원자들이 특정하게 부딪치면 그것이 원인이 되어 정해진 결과들이 나온다는 역학적 인과 관계의 법칙만을 인정한다'를 보면 데모크리토스는 역학적 인과 관계로 설명할 수 없는 이성의 작용은 인정하지 않으므로 적절하지 않다.

① 1문단의 '아낭케는 고대 그리스 신화에서 피할 수 없는 운명이나 필연성 등을 상징하는 여신으로 등장한다'를 보면 적절하다.

③ 1문단의 '이 과정에서 아낭케는 세계의 현상을 바라보는 관점들에 따라서 여러 가지 의미를 가지게 되었다'를 보면 적절하다.

④ 4문단의 '목적론적 관점을 지닌 플라톤은, 현실에 구현되기 이전의 형상은 그 자체로 완벽한데, 질료가 형상을 그대로 담아내지 못하기 때문에 현실에 오차나 무질서가 있다고 생각한다'를 보면 적절하다.

⑤ 1문단의 '철학적 사유가 생겨남에 따라 아낭케는 일종의 이론적인 개념이 되었다'를 보면 적절하다.

25 ③ 12세기 무렵 묵독이 시작되자 낱말의 간격이나 문장의 경계 등을 표시할 필요성이 생겨 띄어쓰기와 문장 부호가 발달했다.

① 글의 내용에서 찾아볼 수 없는 내용이다.

② 초기의 독서는 연속 기법으로 표기되어 있는 문자를 소리 내어 읽는 음독 중심의 독서였다.

④ 개인적 체험을 기록한 책은 12세기 무렵부터 나타나기 시작했다.

⑤ 독서 방식은 제한된 목록의 고전을 여러 번 정독하는 집중형 독서에서 분산형 독서로 변화했다.

26 피해야겠다는 생각을 의식적으로 수백 번 다시 해도, 무의식이 이끈다면 마지막에 무의식 속의 행동을 하고 있다는 내용이다. 따라서 '의식과 무의식'이 글의 제목으로 가장 적절하다.

27 (가)는 텔레비전 시청의 일반적 문제를, (나)에서는 오락문화에 집중된 보도 현실을 비판하고 있다.

28 ② 계약이 성립하는 모습을 세 가지로 구분하고, 3문단에서 사례를 들어 설명하고 있으므로 적절하다.
① 계약이 성립하는 모습의 장단점을 분석하고 있지 않으므로 적절하지 않다.
③ 계약이 성립하는 모습과 관련된 제도의 변천 과정을 보여주고 있지 않으므로 적절하지 않다.
④ 계약이 성립하는 모습을 비판적으로 바라보는 관점들은 소개되지 않았으므로 적절하지 않다.
⑤ 계약이 성립하는 모습이 지닌 문제점의 원인을 기술하고 있지 않으므로 적절하지 않다.

29 얼굴 표정으로 웃고 있지만 마음이 슬프면 그것이 어쩔 수 없이 눈에 나타나게 된다는 의미이다. 거꾸로 눈물을 흘리고 있지만 마음이 즐겁거나 기쁘면 그것도 또한 눈에 나타난다고 본다. 이와 같이 눈은 사람의 마음을 속임 없이 드러내 보여주는 것이라고 할 수 있다.

30 2문단에서 신경세포에 외부자극이 가해지면 Na^+이 대량으로 들어오는 탈분극이 일어난다고 하였으므로, 세포 안으로 이동하는 이온의 양이 줄어든다는 것은 적절하지 않다.
① 1문단에서 신경세포들은 세포 사이의 틈새인 시냅스로 전기적·화학적 신호를 전달한다고 하였으므로 적절하다.
② 2, 3문단에서 시냅스가 오래 유지될 경우에만 장기강화라고 하였고, 4문단에서도 장기강화가 시냅스 연결 시간의 정도에 따라 초기 장기강화와 후기 장기강화로 나뉜다고 하였으므로 적절하다.
③ 2, 3문단을 통해 시냅스 연결은 시냅스전세포가 시냅스후세포에 신호를 보내며 연결되는 것이라고 하였고, 4문단에서 시냅스후세포는 시냅스전세포에 역행성 신호를 보낸다고 하였으므로, 적절하다.
④ 2문단에서 신경세포가 탈분극되어 흥분상태가 되면서 전기적 신호인 활동전위를 만든다고 하였으므로 적절하다.

chapter

04 제4회 정답 및 해설

01. 수리논리

1	2	3	4	5	6	7	8	9	10	11	12	13	14	15	16	17	18	19	20
③	④	④	⑤	①	④	⑤	④	③	③	③	④	②	③	③	⑤	③	④	④	②

1 작업량을 1로 설정하고, 각자의 시간당 작업량은 갑은 x, 을은 y로 한다.
함께 업무를 하면 작업량 = 시간당 작업량 × 시간으로 $4(x+y)=1$이다.

을의 시간당 작업량은 $\dfrac{\text{작업량}}{\text{시간}}$으로 $y=\dfrac{1}{8}$이 된다.

$4(x+y)=1$에 $y=\dfrac{1}{8}$를 대입하여 계산하면 $x=\dfrac{1}{8}$으로,
시간은 8시간이다.

2 • 첫 번째 주사위가 빨간색일 확률 : $\dfrac{2}{4}$

   • 두 번째 주사위가 빨간색일 확률 : $\dfrac{1}{3}$

   • 두 주사위의 합 총 36가지 중 눈의 합이 10일 확률 : $\dfrac{6}{36}$

$\dfrac{2}{4}\times\dfrac{1}{3}\times\dfrac{6}{36}=\dfrac{1}{36}$로

$\therefore\ \dfrac{1}{36}$

3 연도별 실업률 평균

'00	'01	'02	'03	'04	'05	'06	'07	'08	'09	'10	'11	'12	'13	'14	'15	'16	'17	'18	'19	'20
4.4	4.0	3.3	3.6	3.7	3.7	3.5	3.2	3.2	3.6	3.7	3.4	3.2	3.1	3.5	3.6	3.7	3.7	3.8	3.8	4.0

   ㉠ 2006년 평균 실업률은 3.5이고 2020년은 4.0으로 증가하였다.
   ㉡ 실업률 평균은 2000년대가 2020년보다 높다.
   ㉢ 2000년대가 성별 간의 격차가 제일 크다.
   ㉣ 2008년에서 2009년으로 넘어갈 때 실업률이 0.4로 기간 중에 제일 크게 증가하였다.
   ㉤ 2014년 실업률 성별 간의 차이는 0%이다.

4 ⑤ 수행중인 임무단은 코모로 선거감시 지원 임무단, 소말리아 임무단, 코모로 치안 지원 임무단, 다르푸르 지역 임무단으로 총 4곳이다.
① 전체 파견규모의 평균은 3,000여명이 된다.
② 코모로 선거감시 지원 임무단이 4개월로 기간이 제일 짧다.
③ 수단에서는 수단 임무단, 다르푸르 지역 임무단 2곳, 코모로에서 코모로 선거감시 지원 임무단, 코모로 치안 지원 임무단으로 2곳이다.

5 합계란에는 신혼부부의 수(쌍)을 나타냈으며, 거처 유형란에는 구성비를 나타냈으므로 해당 구성비를 곱하여 수치를 구한다. 291,632 × 0.124 = 약 27,234쌍으로 1년차의 다세대 주택 거주 신혼부부의 수가 가장 많음을 알 수 있다.

6 ④ 지역 내 이동 화물이 가장 적은 지역은 C지만, 도착화물이 제일 작은 곳은 D이다.
① 도착화물보다 출발화물이 많은 지역은 C, F, H 세 곳이다.
③ 도착 화물이 제일 많은 지역은 G로 출발화물도 제일 높다.
⑤ 출발화물이 가장 적은 지역은 C로, 도착 화물 또한 가장 적다.

7 ⑤ 배출량이 제일 높은 연도는 2020년이다.
① 2016년에서 2020년 이산화탄소 배출량 증감률은 43.6%로 50% 이하이다.
② 미국은 27,294이고 중국은 23,372로 배출량 합계가 제일 높은 국가는 미국이다.
③ 미국의 배출량이 이란보다 91.6% 차이가 난다.
④ 2016 ~ 2020년도 사이에 독일의 평균 배출량은 827.6이고 2016년 배출량 평균은 1,327이다.

8 혼합에서 성형과정으로 가면 1,000kg이고, 조립으로 가면 900kg이 된다. 성형에서 재작업 과정에서 100kg이 가고, 50kg이 조립으로 간다. 그러므로 조립라인은 950kg이 된다. … ㉠
재작업에 0.5인 50kg이 폐기처리로 오고, 검사의 950kg의 0.2인 190kg이 폐기처리로 온다. … ㉡
∴ ㉠ + ㉡ = 240

9 ② 평균이 제일 높은 E는 91.7이고 B는 80.0으로 점수 차이는 11.7이다.
① 국어의 평균점수는 81점이다.
③ D가 점수의 합이 91로 제일 높다. 계산 없이 확인하려면 영어 점수를 제외하고 국어와 수학의 점수 합으로 계산하여 제일 높은 점수인 학생이다.
④ C의 성별을 제외하고 확인하면 남학생의 성별이 높고, C가 남자로 포함되거나 여자로 포함되더라도 남학생의 수학 평균이 높다.
⑤ 국어는 81, 영어는 88, 수학은 86으로 점수차이는 7로 5점 이상이다.

10 A사는 대규모기업에 속하므로 양성훈련의 경우 총 필요 예산인 1억 3,000만 원의 60%를 지원받을 수 있다. 따라서 1억 3,000만 원 × 0.6 = 7,800만 원이 된다.

11 모두 100%의 가구를 비교 대상으로 하고 있으므로 백분율을 직접 비교할 수 있다.
광역시 시설기준 미달가구의 비율 대비 수도권 시설기준 미달가구의 비율 배수는 37.9 ÷ 22.9 = 1.66배가 된다. 저소득층 침실기준 미달가구의 비율 대비 중소득층 침실기준 미달가구의 비율 배수는 같은 방식으로 45.6 ÷ 33.4 = 1.37배가 된다.

12 우선, 해당 시점의 우리나라 전체 기업의 수를 확인해 보아야 한다. 주력사업을 변동한 543개의 기업이 전체 기업의 4.3%가 될 것이므로 우리나라 전체 기업의 수는 543 ÷ 4.3 × 100 = 12,627개가 된다. 한편 주력사업을 축소한 기업의 수는 543×0.457 = 248개이며, 이 248개 기업의 31%가 경기 불황이 축소 이유가 된 기업의 수가 된다. 그러므로 248×0.31 = 76개의 기업이 경기 불황을 이유로 주력사업을 축소한 기업이다. 따라서 문제에서 요구한 기업의 수는 76 ÷ 12,627 × 100 = 약 0.6%의 비중을 차지함을 알 수 있다.

13 2019년도와 2020년도의 10위권 국가를 순서대로 정리해 보면 다음과 같다.
• 2019년 : 스위스, 덴마크, (   ), 오스트리아, 핀란드, 네덜란드, 노르웨이, 독일, 스웨덴, 룩셈부르크
• 2020년 : 스위스, 덴마크, 노르웨이, 오스트리아, 네덜란드, 캐나다, 핀란드, 스웨덴, 룩셈부르크, 독일
따라서 2019년도의 3위 국가가 2020년도에 이탈하였고, 2019년도에 10위권 이내에 없던 캐나다가 새롭게 10위권 이내로 진입한 것이 된다.

14 ③ 경력단절 여성의 수는 30대가 가장 많으나, 비취업 여성의 수는 1,345천 명을 기록한 40대가 가장 많다.
① 경력단절 여성의 수에 있어서도 928천 명으로 30대가 가장 많다.
② 각각 33.8%와 72.1%로 30 ~ 39세 연령대에서 가장 높은 것을 알 수 있다.
④ 51.4%에서 33.1%까지 연령대가 높아질수록 점점 감소되고 있다.
⑤ 15 ~ 29세를 제외한 모든 연령대에서 비취업 여성의 비율(B/A)이 50%보다 작다.

15 ㉠ S씨의 증감률은 (237 − 153) ÷ 153 × 100 = 54.9%이나, P씨의 증감률은 (746 − 2,037) ÷ 2,037 × 100 = − 63.4%로 증감률이 가장 큰 사람은 P씨가 된다.
㉡ 증감액은 P씨가 − 1,291억 원으로 가장 크다.
㉢ 6명 중 보유 주식 가치 상위 3명은 L씨, P씨, G씨이며 이들의 보유 주식 가치가 차지하는 비중은 5월 30일 약 85.9%에서 11월 30일 약 76.5%로 더 낮아졌다.
㉣ 6명의 총 보유 주식 가치는 6,819억 원에서 4,285억 원으로 변동되어 총 2,534억 원이 감소하였다.

16 '자격취득 시험을 치른 사람 중 최종 합격한 사람의 비중'이라는 것에 의해 합격률 산식은 '최종합격인원 ÷ 최종응시인원 × 100'이 됨을 알 수 있다. 따라서 보기 ⑤의 의무기록사가 1,247 ÷ 1,875 × 100 = 약 66.5%로 제시된 시기의 업종 중 가장 높은 합격률을 보이고 있다.

17 ③ 태양광, 바이오, 풍력, 석탄의 경우는 '늘려야 한다'와 '줄여야 한다'는 의견이 각각 절반 이상의 비중을 차지하는 에너지원이다.
① 줄여야 한다는 의견이 압도적으로 많은 것은 석탄의 경우뿐이다.
② 석탄의 경우는 제외된다.
④ 바이오는 풍력보다 늘려야 한다는 의견이 더 많지만 줄여야 한다는 의견은 더 적다.
⑤ 원자력이 5.6%로 '모르겠다'는 의견의 비중이 가장 적다.

18 ㉠ 200달러인 스마트폰 중 종합품질 점수가 가장 높은 스마트폰은 g이다.
㉡ 소매가격이 가장 낮은 스마트폰은 h이며 종합품질점수가 가장 낮은 스마트폰은 f이다.
㉢ 甲 : $\dfrac{1+2+1}{3} = \dfrac{4}{3}$, 乙 : $\dfrac{1+1+1}{3} = 1$, 丙 : $\dfrac{2+1+2}{3} = \dfrac{5}{3}$
㉣ 화질 : 3 + 2 + 3 + 3 + 2 + 2 + 3 + 3 + 3 = 24
　내비게이션 : 3 + 2 + 3 + 3 + 3 + 1 + 3 + 2 + 2 = 22
　멀티미디어 : 3 + 3 + 3 + 3 + 3 + 3 + 3 + 3 + 2 = 26
　배터리 수명 : 3 + 1 + 1 + 2 + 2 + 2 + 2 + 2 + 3 = 18
　통화성능 : 1 + 2 + 1 + 1 + 1 + 1 + 2 + 1 + 2 = 12

19 A에서 B로 변동한 수치의 증감률은 (B − A) ÷ A × 100임을 활용하여 다음과 같이 계산할 수 있다.
㉠ 유소년 : (1,130 − 1,742) ÷ 1,742 × 100 = 약 −35.1%
㉡ 생산연령 : (5,954 − 6,231) ÷ 6,231 × 100 = 약 −4.4%
㉢ 고령인구 : (1,931 − 1,370) ÷ 1,370 × 100 = 약 40.9%

20 생산연령 인구는 읍 지역에서는 지속 증가세를 보였으나, 면 지역에서는 계속 감소하다가 2020년에 증가세로 돌아선 것을 알 수 있다.
① 유소년 인구는 빠르게 감소 추세를 보이고 있다.
③ 유소년 인구와 달리 고령인구는 빠른 증가로 인해 도시의 노령화 지수가 상승하였다고 볼 수 있다.
④ 농촌의 전체 인구와 면 지역의 생산연령 인구는 모두 감소 후 2020년에 증가하는 추이를 보이고 있다.
⑤ 읍 지역 고령인구의 증감률은 (600 − 357) ÷ 357 × 100 = 약 84.9%이며, 면 지역 고령 인구의 증감률은 (1,271 − 1,013) ÷ 1,013 × 100 = 약 25.5%이다.

02. 추리

1	2	3	4	5	6	7	8	9	10	11	12	13	14	15
②	②	①	④	⑤	③	③	①	①	③	②	④	⑤	④	①

16	17	18	19	20	21	22	23	24	25	26	27	28	29	30
③	③	④	②	②	①	⑤	④	④	①	③	③	⑤	④	①

1 A의 말이 참이라면, B와 C는 거짓말이어야 한다.
B의 말이 진실이라면, A, B, C 모두 거짓이므로 B의 말은 모순이다. 따라서 B의 말은 거짓이다. C의 말이 진실이라면 A, B, C 모두 진실이어야 하는데 B가 진실이 될 수 없다. 따라서 모순이다.

2 두 번째 조건의 대우는 '영국에 간다면 프랑스에 가지 않는다'이다.
첫 번째 조건에서 영국에 간다고 했으므로, A군은 프랑스에는 가지 않는다. 세 번째 조건에서 프랑스에 가거나 독일에 간다고 했으므로 A군은 독일에 간다.
네 번째 조건의 대우는 '독일에 간다면 스위스에 간다'이므로 A군은 스위스에 간다. A군은 독일에 가고 이탈리아에도 간다.
따라서 A군은 영국, 독일, 스위스, 이탈리아에 가게 된다.

3 C팀의 점수는 기존의 승점제에 따르면 6점, 새로운 승점제에 따르면 9점이다.
C팀과의 경기를 제외한 5팀간의 경기는 모두 무승부이므로, 나머지 팀은 모두 4무의 기록을 가진다. C팀과의 경기에서 승리한 팀이 2팀이고, 패배한 팀이 3팀이다. C팀과의 경기에서 승리한 2팀은 1승 4무 이므로 기존의 승점제에 따르면 6점, 새로운 승점제에 따르면 7점이다. C팀과의 경기에서 패배한 3팀은 4무 1패이므로 기존의 승점제와 새로운 승점제에 따르면 모두 4점이다.
따라서 새로운 승점제에 따르면 C팀의 점수가 9점으로 가장 높아 1위가 되므로 A는 옳다.

4 ④ E가 A의 마니또가 될 수 있기 위해서는 A가 E의 마니또이고 E는 자기 자신의 마니또가 되어야 한다. 그러나 A는 E의 마니또나, E는 자기 자신의 마니또가 아니므로 E는 A의 마니또가 될 수 없다.
① A→B→C→D→B∩E 이므로 A는 B, C, D, E의 마니또가 된다.
② A가 B의 마니또이고, B는 자기 자신의 마니또이므로 B는 A의 마니또가 될 수 있다.
③ C는 B의 마니또이고 B는 C의 마니또이기 때문에 C는 자기 자신의 마니또이다.
⑤ D의 마니또는 A, B, C가 되며 C의 마니또는 A,B 그리고 ③에 의해 자기 자신도 마니또이므로 D와 C는 마니또가 동일하다.

5 결론이 '자동차는 1번 도로를 지나오지 않았다'이므로 결론을 중심으로 연결고리를 이어가면 된다. 자동차가 1번 도로를 지나오지 않았다면 ㉠에 의해 이 자동차는 A, B 마을에서 오지 않았다. 흙탕물이 자동차 밑바닥에 튀지 않고 자동차를 담은 폐쇄회로 카메라가 없다면 A마을에서 오지 않았을 것이다. 도로정체가 없고 검문소를 통과하지 않았다면 B마을에서 오지 않았을 것이다. 검문소를 통과하지 않았을 것이다. 따라서 자동차가 1번 도로를 지나오지 않았다는 결론을 얻기 위해서는 폐쇄회로 카메라가 없거나 흙탕물이 튀지 않았다는 전제가 필요하다.

6 ⓒ②에 의해 관주 – 금주 – 한주 – 평주 순서임을 알 수 있다. 그리고 ②⑩⑪에 의해 乙 – 丙 – 甲 – 丁의 순서임을 알 수 있다.

7 〈보기〉의 ㉠ ~ ㉣을 정리하면 a ~ d의 순서관계를 얻을 수 있다.

	C	D	A	B	E
a			– 2	+ 3	+ 6
b	0.	– 4		– 7	– 4
c			– 6	– 1	+ 2
d				– 11	– 8

이 중 〈보기〉 ⑩을 충족하는 것은 c이고 다섯 사람의 나이가 모두 다르다는 조건을 충족하는 것은 a, c, d 이다. 따라서 A ~ E의 연령으로 알맞은 것은 c이다. 여기서 나이가 두 번째로 많은 사람은 C이다.

8 甲이 총무과에 배치되면 乙은 기획과에 배치되고, 丁은 인력과에 배치되지 않으며, 戊는 기획과에 배치된다. 戊가 기획과에 배치되면 丙은 총무과에 배치되지 않는다. 이것은 네 번째 조건과 양립하지 않으므로 甲은 총무과에 배치되지 않는다.

9 원숭이는 익은 바나나만을 좋아하므로 '작은 바나나는 익지 않았다'는 전제가 있어야 결론을 도출할 수 있다.

10 결론이 참이 되기 위해서는 '골을 많이 넣은 선수는 팀에 공헌도가 높다' 또는 이의 대우인 '팀에 공헌도가 높지 않은 선수는 골을 많이 넣지 못한 선수이다.'가 답이 된다.

11 • 甲이 착한 호랑이일 경우, 곶감의 위치를 안다고 말한 乙, 丁, 戊는 모두 나쁜 호랑이가 되고 丙만 착한 호랑이가 되는데, 丙이 착한 호랑이일 경우 甲이 거짓말을 하는 것이 되므로 모순된다.
• 乙이 착한 호랑이일 경우, 곶감의 위치를 안다고 말한 甲, 丁, 戊는 모두 나쁜 호랑이가 된다. 丙이 착한 호랑이이며, 곶감은 소쿠리에 있다.
• 丙이 착한 호랑이일 경우, 甲은 반드시 나쁜 호랑이가 되고 곶감은 아궁이가 아닌 꿀단지나 소쿠리에 있게 된다. 곶감이 꿀단지에 있다고 하면 丙과 戊가 착한 호랑이가 되고, 곶감이 소쿠리에 있다면 丙과 乙 또는 丁이 착한 호랑이가 된다.
• 丁이 착한 호랑이일 경우, 곶감의 위치를 안다고 말한 甲, 乙, 戊는 모두 나쁜 호랑이가 된다. 丙이 착한 호랑이이며, 곶감은 소쿠리에 있다.
• 戊가 착한 호랑이일 경우, 곶감의 위치를 안다고 말한 甲, 乙, 丁은 모두 나쁜 호랑이가 된다. 丙이 착한 호랑이이며, 곶감은 꿀단지에 있다.
따라서 보기 중 가능한 조합은 ②이다.

12 〈평가기준〉 ○, ○으로부터 연기력을 가장 중시하고 있음을 알 수 있고, 〈평가기준〉 ○, ○으로부터 '가창력과 외모 중 어느 쪽을 중시하는지는 알 수 없다'를 도출할 수 있다. 따라서 '3평가 요소 중 연기력을 가장 중시하고 있는데 가창력과 외모 중 어느 쪽을 중시하고 있는지는 알 수 없다'가 가장 적절한 설명이다.

① 외모는 전혀 중시되고 있지 않다고 한다면 〈평가기준〉 ○(불합격)과 ○(합격)의 결론이 다르다는 것을 설명할 수 없다.

② 가창력과 외모의 중시 여부는 각자의 자리가 바뀌어져 있는 〈평가기준〉 ○, ○을 보고 판단할 수 있지만 결론이 불합격으로 같기 때문에 어느 쪽을 중시하는지는 판단할 수 없다.

③ 외모가 가장 중시된다면 〈평가기준〉 ○(불합격)과 ○(합격)의 결론이 달라지는 것을 설명할 수 없다.

④ 가창력과 외모를 연기력보다 중시한다고 하면 〈평가기준〉 ○을 설명할 수 없다.

13 A가 진실을 말하면 D의 진술도 진실이며, B가 진실을 말하면 C의 진술도 진실이다. 그러므로 A, D와 B, C를 묶어서 생각해야 하며, 3명이 진실을 말하고 있으므로 나머지 E는 무조건 진실이다. E가 참외를 훔쳐가는 범인을 본 사람이 2명이라고 했으므로 B의 말은 거짓이며 C의 말도 거짓이 된다. 모두의 진술을 종합했을 때 E, A, C, B가 범인이 아니라는 것을 알 수 있으므로 범인은 D가 된다.

14 젊은이의 진술이 진실이라면 노파와 할아버지의 진술은 거짓이고, 젊은이의 진술이 거짓이라면 노파와 할아버지의 진술은 진실이다. 따라서 젊은이가 원주민이면 노파와 할아버지는 이주민이고, 젊은이가 이주민이면 노파와 할아버지는 원주민이다.

15 흐놀다와 그리워하다는 유의 관계이다. 따라서 적빈하다의 유의어 옹색하다가 적절하다.

② **암팡스럽다** : 몸은 작아도 야무지고 다부진 면이 있음을 이르는 말이다.

③ **덜퍽지다** : 푸지고 탐스러움을 이르는 말이다.

④ **헌칠하다** : 키나 몸집 따위가 보기 좋게 어울리도록 크다.

⑤ **퇴락하다** : 낡아서 무너지고 떨어지다.

16 대한민국은 아시아에 포함되는 포함 관계이다. 따라서 섬유에 포함되는 한 종류인 실크가 적절하다.

17 1열과 2열의 색칠된 부분이 합해져서 3열의 무늬가 나온다.

18 도형의 색은 흰색, 검은색이 번갈아 나오며, 도형의 모양은 사각형 → 오각형 → 육각형 → 칠각형 → 팔각형의 순서로 진행된다.

19 한글의 자음 14(ㄱ, ㄴ, ㄷ, ㄹ, ㅁ, ㅂ, ㅅ, ㅇ, ㅈ, ㅊ, ㅋ, ㅌ, ㅍ, ㅎ)개를 순서대로 생각할 때 맨 윗줄은 자음 순서의 한 칸씩 이동하고, 두 번째 줄은 자음 순서의 두 칸씩, 세 번째 줄은 자음순서의 역순으로 한 칸씩 이동하고 있다.

20 □ abcd → dbca
☆ abcd → a + 1, b + 0, c + 1, d + 0
○ abcd → a + 0, b − 1, c + 0, d − 1

A	B	C	D	E	F	G	H	I	J	K	L	M	N	O	P	Q	R	S	T	U	V	W	X	Y	Z
1	2	3	4	5	6	7	8	9	10	11	12	13	14	15	16	17	18	19	20	21	22	23	24	25	26

BBCD → EBCB → EACA

21 BCED → CCFD → CBFC

22 CDBE → CCBD → DCBC → ECCC

23 KNOG → LNPG → MNQG

24 2문단에서 성리학에서는 기가 악으로 흐를 가능성이 있다고 보았다.
① 5문단을 통해 성리학은 형이상학적 세계관을 바탕으로 하고 있음을 알 수 있다.
③ 4문단에서 실학자 최한기는 본성을 끊임없이 활동하고 변화하는 기로 파악했다.
⑤ 2문단에서 성리학은 개개인의 도덕성의 차이가 생기는 이유는 기에 있다고 하였다.

25 첫 문단에서 '한글 창제 후 우리나라의 문자 생활사가 변화하였고, 이는 서적을 간행할 때에 예상 독자층을 상정하고 그들에게 적합한 방식으로 한글과 한자를 섞어 쓰게 되었다'고 하였다. 또한 뒤에 오는 내용들은 여러 서적들이 예상독자에 따라 어떤 표기방식을 사용했는지 비교하고 있다.

26 '중衆싱生'과 같이 해당 한자음에 한자를 병행하여 적은 것은 「월인천강지곡」이다.

27 1405년과 그 이후, 신항로 개척 이후, 1세기 이후'의 시대 순으로 해상 활동의 경과와 결과를 설명하고 있다.

28 형태가 일정한 물체의 회전 운동 에너지는 회전 속도의 제곱에 정비례하므로 물체의 회전 속도가 2배가 되면 회전 운동 에너지는 4배가 된다.

29 ① 돌림힘의 크기는 회전축에서 힘을 가하는 점까지의 거리와 가해 준 힘의 크기의 곱으로 표현된다. 따라서 갑의 돌림힘의 크기는 1m × 300N = 300N · m이고, 을의 돌림힘의 크기는 2m × 200N = 400N · m이다. 따라서 갑의 돌림힘의 크기가 을의 돌림힘의 크기보다 작다.

② 두 돌림힘의 방향이 서로 반대이므로 알짜 돌림힘의 방향은 더 큰 돌림힘의 방향과 같다. 따라서 알짜 돌림힘의 방향의 을의 돌림힘의 방향과 같다.

③ 두 돌림힘의 방향이 반대이지만, 돌림힘의 크기가 다르므로 알짜 돌림힘은 0이 아니고, 돌림힘의 평형도 유지되지 않는다.

⑤ 두 돌림힘의 방향이 서로 반대이면 알짜 돌림힘의 크기는 두 돌림힘의 크기의 차가 된다. 따라서 알짜 돌림힘의 크기는 400 − 300 = 100N · m이다.

30 ② 첫째 문단에서 한글 자판의 사례를 통해 더 효율적이고 편리한 방식(세벌식 자판)이 꼭 더 많이 선택되는 것이 아님을 드러냈다.

③ 마지막 문단에서 '소비자는 제품의 질이나 가격 이외의 요인으로 인해 재화나 서비스를 선택할 수 있음'에서 확인할 수 있다.

④ 둘째 문단의 내용에서 확인할 수 있다.

⑤ 둘째 문단에 제시된 내용이다.

상식 용어사전 시리즈

합격GO!

1 빈출 일반상식

공기업/공공기관 채용시험 일반상식에서 자주 나오는 빈출문항을 정리하여 수록한 교재! 한 권으로 일반상식 시험 준비 마무리 하자!

2 중요한 용어만 한눈에 보는 시사용어사전 1152

매일 접하는 각종 기사와 정보 속에서 현대인이 놓치기 쉬운, 그러나 꼭 알아야 할 최신 시사상식을 쏙쏙 뽑아 이해하기 쉽도록 정리했다!

3 중요한 용어만 한눈에 보는 경제용어사전 1007

주요 경제용어는 거의 다 실었다! 경제가 쉬워지는 책, 경제용어사전!

4 중요한 용어만 한눈에 보는 부동산용어사전 1300

부동산에 대한 이해를 높이고 부동산의 개발과 활용, 투자 및 부동산 용어 학습에도 적극적으로 이용할 수 있는 부동산용어사전!

자격증
기출문제
총집합!

자격증 별로 정리된
기출문제로 깔끔하게 합격하자!

기출문제로 자격증 시험 준비하자!

스포츠지도사, 손해사정사, 손해평가사, 농산물품질관리사, 수산물품질관리사, 관광통역안내사,
국내여행안내사, 보세사, 건축기사, 토목기사